Ér

Sociologie
du journalisme

CINQUIÈME ÉDITION

La Découverte

9 *bis*, rue Abel-Hovelacque
75013 Paris

DU MÊME AUTEUR

L'Idéologie dans le roman d'espionnage, Presses de Sciences Po, 1985.
Regards sur la fraude fiscale (avec Loïc Cadiet), Economica, 1986.
Espaces publics mosaïques (avec Bastien François), PUR, 1999.
Political Journalism. New Challenges, New Practices (dir. avec Raymond Kuhn), Routledge, 2002.
Norbert Elias et la théorie de la civilisation (dir. avec Yves Bonny et Jean-Manuel de Queiroz), PUR, 2003.
Lire le noir. Enquête sur les lecteurs de récits policiers (avec Annie Collovald), Éditions de la BPI, 2004 ; rééd. PUR, 2013.
Bourdieu and the Journalistic Field (avec Rod Benson), Polity Press, 2004.
Une société de communication ? Montchrestien, 2011, 5e édition.
Les Mots de la communication politique, Presses universitaires du Mirail, 2012.
Boys don't cry ! Les coûts de la domination masculine (dir. avec Delphine Dulong et Christine Guionnet), PUR, 2012.
Sociologie des mouvements sociaux, coll. « Repères », La Découverte, 2015, 6e édition.
En immersion (avec Pierre Leroux), PUR, 2017.
Sociologie de la télévision (avec Brigitte Le Grignou), coll. « Repères », La Découverte, 2017.
Introduction aux Cultural Studies (avec Armand Mattelart), coll. « Repères », La Découverte, 2018, 3e édition.
Mai 68 par celles et ceux qui l'ont vécu (avec Boris Gobille et Christelle Dormoy-Rajramanan), Éditions de l'Atelier, 2018.
Activists Forever (avec Olivier Fillieule), Cambridge University Press, 2019.

L'auteur tient à remercier tous ceux et celles qui, par des discussions et des échanges, ont contribué à sa culture — pratique et sociologique — sur le journalisme et à bonifier ce volume : Rod Benson, Paul Goupil, Christine Leteinturier, Dominique Marchetti, Dominique Merllié, Michael Schudson, l'équipe du pôle « journalisme » du laboratoire ARÈNES, les étudiants et intervenants des formations au journalisme de l'IEP de Rennes et de l'AJM de Neuchâtel.

Composé par Facompo à Lisieux
Dépôt légal : février 2019

Si vous désirez être tenu régulièrement informé des parutions de la collection « Repères », il vous suffit de vous abonner gratuitement à notre lettre d'information mensuelle par courriel, à partir de notre site **http://www.collectionreperes.com**, où vous retrouverez l'ensemble de notre catalogue.

ISBN : 978-2-348-04184-6

Introduction

Chaque société, chaque civilisation valorise des personnages, des rôles sociaux qui la condensent, du chevalier médiéval à l'ouvrier de la révolution industrielle, au « bureaucrate » wébérien, symbole de la rationalité moderne. Rien d'étonnant dès lors à ce que, dans une société souvent dite de « communication » ou d'« information », le journaliste soit devenu une figure structurante des mythologies contemporaines [Ruellan, 1993]*.

Globe-trotter, confident des puissants, enquêteur capable de dévoiler les secrets les mieux cachés, il peut encore s'associer les prestiges de l'écrivain, de l'éminence grise ; il sera aussi craint ou dénigré comme celui qui ne cherche que le scandale, la critique ou le superficiel. Des journalistes pourraient peupler un musée Grévin. Certains fictionnels, comme Rouletabille et Tintin, les *muckrackers* des romans noirs américains des années 1930 et Mikael Blomkvist de *Millénium*. Et, bien sûr, des figures comme Henry Morton Stanley retrouvant au cœur de l'Afrique Livingstone disparu, Albert Londres [1923] dévoilant les horreurs du bagne de Cayenne, Svetlana Alexievitch [2015] récompensée du prix Nobel de littérature pour ses reportages sur Tchernobyl ou les femmes soviétiques dans la guerre. Faut-il ajouter, avec Wikileaks, Julian Assange ou Chelsea Manning, en ouvrant alors la notion de journalisme ? Ce sont aussi des débats sociaux que suscite depuis son émergence l'activité journalistique. Pour n'en donner que quelques exemples récents, la couverture de la guerre du Golfe, puis celle de l'intervention au Kosovo ont posé la question de la manipulation de l'information par gouvernements et états-majors. L'habileté de certains mouvements sociaux, mais aussi d'organisations terroristes, à transformer, par des « coups médiatiques » allant de la prise d'otages au happening coloré,

---

* Les références entre crochets renvoient à la bibliographie en fin d'ouvrage.

les journalistes en attachés de presse complaisants ou mal à l'aise a également suscité le débat. L'évolution de la couverture des campagnes électorales converties en courses hippiques, la montée des reportages sur les « affaires » ont fait naître des interrogations sur la responsabilité du journalisme dans le désenchantement du politique chez les citoyens. C'est encore la question du pouvoir du journalisme en matière de consécration des œuvres culturelles [Bourdieu, 1996], sa connivence avec les puissants [Halimi, 1997], le déclin des achats de presse écrite [Poulet, 2009] ou la pertinence de légiférer contre les *fake news* qui ont fait débat depuis vingt ans.

Le journalisme fait débat et se trouve placé sous les feux d'un nombre croissant de dispositifs critiques et autocritiques. Un Observatoire français des médias, associant professionnels, chercheurs et usagers s'est créé fin 2003 (http://www.observatoiredesmedias.com). Il vise à constituer un outil de veille et de débat critique sur la production et le cadrage de l'information. La réflexivité émane aussi des chroniques de médiateurs (au *Monde*, à Radio France), d'un souci accru d'expliquer la production des faits et chiffres (rubrique « Desintox »), de sites Web qui déchiffrent la production de l'information (Arrêt sur images) et mettent en débat les pratiques journalistiques (https://www.acrimed.org/ ou www.journalism.org/). Des forums professionnels (https://www.journalisme.com/), des livres de professionnels [Jones, 1995 ; Carton, 2003 ; Luyendijk, 2009] rompent de plus en plus avec les discours enchantés et complaisants sur le métier pour en questionner tensions et contraintes.

Obstacles épistémologiques

Les obstacles à une connaissance distanciée des pratiques journalistiques demeurent cependant nombreux. Il s'agit d'abord du poids des préjugés normatifs. Parce que l'émergence d'une presse libre est historiquement liée à la construction des régimes démocratiques, le journalisme n'est pas qu'un métier. Il apparaît aussi comme un rouage de la démocratie, ce dont témoignent la place donnée à la liberté de presse dans de nombreuses Constitutions (1er amendement de la Constitution des États-Unis), l'importance des valeurs de transparence, ou des expressions comme « quatrième pouvoir ». Le risque est de tenir pour indiscutable ce qui fonctionne aussi comme mythologie professionnelle [Le Bohec, 2000]. L'existence d'une presse libre ne garantit en effet pas mécaniquement un égal accès au débat public de tous les points de vue, de toutes les composantes de la société. Ajoutons une autre difficulté : les premiers producteurs d'analyses sur le journalisme sont souvent les journalistes eux-mêmes qui, singulièrement en France, développent une théorie indigène de leurs pratiques. Il y a souvent à comprendre et à apprendre dans ces témoignages. Mais on ne saurait pas plus en tirer une sociologie du journalisme que la science politique ne naît de la lecture des mémoires des ministres et élus. Trop de ces témoignages ont aussi cotisé, y compris lorsqu'ils étaient écrits par des journalistes peu connus pour leur pugnacité critique, à une complaisance narcissique pour les vertus civiques ou démocratiques du journalisme. Beaucoup sont aussi produits par les célébrités de la profession dont l'expérience n'épuise pas la palette des pratiques professionnelles.

Ce point désigne un troisième obstacle. Le mot « journaliste » suscite facilement l'association à quelques profils : éditorialistes des chaînes de télévision, présentateurs des « journaux » audiovisuels, spécialistes de l'investigation, éventuellement certains spécialistes du sport ou correspondants étrangers. Mais qui peut citer cinq noms de journalistes économiques ou de santé, de collaborateurs du quotidien de sa ville ? Les plus visibles pèsent socialement. Mais s'y limiter serait théoriser une profession à partir de profils qui ne font pas 1 % de ses effectifs ? Cela aboutit à faire sortir du champ de vision l'immense armée des journalistes de presse spécialisée (santé, sports, mode) et des correspondants locaux du quotidien régional, à escamoter les bataillons des agences de presse, les invisibles qui alimentent les sites en ligne.

La liste des obstacles tient aussi à l'ambiguïté des relations entre journalistes et universitaires. L'évolution des rapports de force au sein du champ intellectuel s'est traduite depuis une quarantaine d'années par une montée en puissance des journalistes. Elle se manifeste dans le pouvoir qu'ont acquis certains d'entre eux en matière de consécration des œuvres culturelles, de vedettarisation sélective d'intellectuels, parfois par la possibilité d'intervenir avec autorité dans le débat public par leurs articles ou leurs livres, s'installant dans une posture dont les « intellectuels » pensaient être détenteurs exclusifs. Cette évolution alimente une vieille défiance croisée qui s'exprime chez les journalistes par la fréquence d'un anti-intellectualisme larvé, ou par le privilège donné à des intellectuels *made in media*. Elle se traduit chez beaucoup d'universitaires par une tentation dénonciatrice que tout chercheur travaillant sur le journalisme doit apprendre à contrôler. On ajoutera à cette liste provisoire des obstacles que, le journalisme étant inséparable des médias dans lesquels il se développe, c'est aussi aux mythologies de la communication que se confronte tout travail sur le journalisme. Ces dernières sont contradictoires et encombrantes [Neveu, 2011]. Tantôt elles célèbrent, avec une naïveté répétée, l'annonce de révolutions de la communication et du journalisme à l'apparition de tout média nouveau. En d'autres cas, elles invitent à figer une essence des problèmes du journalisme sur lesquels tout aurait déjà été dit voici un siècle et demi par Balzac dans *Illusions perdues*.

Un itinéraire d'analyse

Ce livre vise à proposer une exploration aussi large que possible des pratiques journalistiques, d'abord à partir du cas français. C'est à dessein qu'on parlera ici de journalismes au pluriel, que les termes d'écologie ou d'interdépendances seront sollicités pour rendre compte d'une cartographie sociale où s'articulent les hiérarchies propres au journalisme et aux entreprises de presse, les relations aux sources, aux pouvoirs sociaux et aux publics. Et ce n'est qu'au prix d'investigations sur l'histoire du journalisme, la morphologie de la profession, les routines quotidiennes du travail journalistique qu'il peut devenir possible d'aborder des questions tenues pour plus essentielles sur les « pouvoirs » de la profession, son rôle politique, son devenir.

Ce choix en implique d'autres, et d'abord la valorisation de travaux à dimension ethnographique. Comprendre le travail des journalistes, c'est d'abord le regarder en train de se faire, dans les salles et conférences de rédaction, les entretiens, la chasse aux images, le tri des dépêches et des communiqués, la veille sur le Web. Le second consiste à être attentif au « feuilleté » des pratiques journalistiques. Elles diffèrent profondément d'un média à un autre. On constatera aussi l'importance des références étrangères, spécialement anglophones. Si une excellente sociologie du journalisme a pris son essor en France depuis les années 1980, la richesse de la production anglophone est incomparable tant par ses apports théoriques que par la diversité des études de terrain. Cette ouverture aux travaux étrangers vaut aussi par ce que la comparaison rend visible, par son pouvoir d'exotiser des pratiques qui semblent évidentes parce qu'elles sont celles de notre culture. Cette ouverture se justifie aussi par l'internationalisation des groupes de presse et la mondialisation de l'information.

Trois blocs de deux chapitres structurent cette exploration. Elle passe d'abord par une généalogie de la profession et un état des lieux au présent. L'analyse se fixe ensuite sur les journalistes au travail en cherchant à décomposer le réseau des interdépendances quotidiennes, puis en s'arrêtant sur le produit fini de leur activité : une écriture (textes, paroles, images). Deux derniers chapitres s'interrogent enfin sur les questions liées au « pouvoir » des journalistes et aux métamorphoses de la profession.

Glossaire de termes de métier utilisés dans ce volume

Agencier : journaliste travaillant dans une agence de presse.

Angle : manière d'aborder un sujet, d'en valoriser une dimension spécifique (ex. : souligner l'impact écologique *ou* les problèmes de contrôle des navires lors du naufrage d'un pétrolier).

Assis (journalisme) : désigne un journalisme plus orienté vers le traitement (mise en forme des textes d'autrui, genre éditorial ou commentaire) d'une information qu'il n'a pas collecté lui-même. Correspond imparfaitement à la notion anglaise de *processor*.

Audimat : technique de mesure des audiences à la télévision. Le terme suggère par extension l'importance prise par la quête de l'audience à tout prix (ex. : la logique de l'audimat).

Bidonner : faire un faux en journalisme. Il peut s'agir de reportages truqués ou scénarisés, d'une fausse interview.

Blog : site Web, personnel ou collectif, dont les contenus associent — avec des dosages et une clarté très variables — des témoignages et « choses vues », du couper-coller d'informations collectées dans des médias et des commentaires personnels (sur l'actualité, les consommations culturelles des animateurs du site).

Chemin de fer : maquette anticipant sur le contenu (nature et taille des articles et publicités) des pages et des rubriques de l'édition du journal en préparation.

Convergence : désigne initialement le contrôle par une même entreprise de plusieurs médias (presse écrite, télévision...). Le terme tend aujourd'hui à caractériser le processus de fusion de rédactions appartenant à des médias divers (papier, Web, radio) et l'exercice d'un journalisme exigeant la capacité de produire efficacement pour tous ces supports.

Debout (journalisme) : désigne un journalisme orienté vers la collecte de l'information sur le terrain (reportage, enquête). Correspond à la notion anglaise de *gatherer*.

GAFAM : Google, Apple, Facebook, Amazon et Microsoft, soit les entreprises clefs du monde de l'Internet et des réseaux. Les faire apparaître ici signale combien elles impactent la production d'information. Elles l'ont fait en captant des budgets publicitaires qui allaient jusque-là aux entreprises de presse. Elles rediffusent, sans toujours la payer, l'information produite par les rédactions. Elles tendent à devenir des médias, insérés non seulement dans l'accès à l'information, sa redif-fusion, mais aussi dans sa production.

Hard news : information qui renvoie aux registres de l'imprévu (catastrophe), de l'événement (grande compétition sportive), d'une actualité chaude tant par son immédiateté que par ses enjeux (prise d'otages, débat législatif). Voir *Soft news*.

Infotainment : mot-valise construit à partir d'information et *entertainment* (distraction). Il désigne, avant tout pour la télévision, tant le mélange de ces deux registres dans les mêmes programmes que la tendance à rendre les émissions d'information attractives à tout prix

Journalisme lent/*Slow journalism* : un ensemble de pratiques du métier ayant en commun — à l'instar du *slow food* en alimentation — de refuser le modèle d'emballement que symbo-lisent les chaînes d'information conti-nue. Lenteur assumée du contrôle des informations, de leur mise en pers-pective, du temps de vraies enquêtes.

Lenteur obligée de consommation de textes ou reportages plus longs. Lenteur encore au sens de moins mais mieux, d'une sélection des informations jugées pertinentes.

JRI : journaliste reporter d'images. Professionnel de la télévision capable de produire l'intégralité d'un reportage (images, son, rédaction), éventuellement d'en assumer le montage, voire la diffusion.

Lead : paragraphe d'attaque d'un article ou d'une dépêche qui doit condenser en peu de place l'essentiel de l'information. Quand ce paragraphe s'étale sur toute la largeur des x colonnes de texte de l'article, on parle de chapeau ou chapô.

Localier : correspondant d'un journal régional ou local dans une commune, un quartier. Dans les petites communes, il s'agit souvent de personnes exerçant ce travail en complément d'une autre activité (enseignants, retraités) et ne disposant pas de la carte de journaliste.

Muckracker : littéralement « fouille-merde ». Désigne les praticiens d'un journalisme d'investigation, né aux États-Unis à la fin du XIXe, attaché à déterrer les scandales et les abus des puissants.

Newsworthiness : en français, « valeur d'information ». Il s'agit de la capacité d'un fait à devenir un événement, à être éligible à l'actualité au regard des critères de sélection du titre et de la rédaction.

Pigiste : personne collaborant à la rédaction dans une entreprise de presse et rémunérée à la tâche (la « pige », barème de rémunération souvent fondé sur le nombre de lignes). On emploiera ici essentiellement le terme pour désigner des journalistes professionnels ne disposant pas d'un salaire régulier. Mais le terme peut aussi désigner des collaborateurs ayant une profession principale (écrivain, universitaire).

PQR : presse quotidienne régionale (ex. : *Paris-Normandie*) par opposition aux titres « nationaux », c'est-à-dire parisiens (ex. : *Les Échos, La Croix*).

Publirédactionnel : information relevant de la publicité ou du communiqué mais dont la présentation (lorsqu'elle copie par exemple la mise en page d'un article normal) laisse une ambiguïté sur l'origine réelle : rédaction ou promotion externe ?

Pyramide inversée : principe d'écriture qui veut que l'article débute par le *lead* qui condense l'essentiel, avant de s'élargir dans l'exploration du qui, où, quand, comment, pourquoi et le travail d'interprétation.

Ratage : information manquée par un journaliste ou un titre alors que les concurrents en font état.

Rédactionnel : désigne le flux de textes ou de reportages parlés ou filmés qui compose un journal. Le rédactionnel comme contenu s'oppose à ce qui est produit hors de la rédaction (publicité, communiqués).

Scoop : information obtenue en exclusivité par un journaliste ou un titre.

Soft news : informations non directement rattachées à l'actualité chaude. Quand le *hard* repose sur l'événement, le *soft* joue plus du dossier : portraits, tranches de vie, évocation de changements de comportements à long et moyen terme, information pratique ou consumériste.

Tabloïd : format compact de journal (29 × 37 cm) qui est celui de la presse populaire britannique (*Sun*). Désigne au Royaume-Uni la presse populaire par opposition aux journaux de « qualité » de grand format (*broadsheets*). A donné le terme péjoratif *tabloïdisation* qui connote la quête de l'émotionnel et du sensationnel.

Pour un lexique plus complet, voir [Le Bohec, 2010].

I / Genèses d'une profession

Il n'est pas toujours facile, ni possible, de suivre les médiations par lesquelles le passé du journalisme s'inscrit dans son présent. Mais ces influences sont bien réelles. Le statut actuel du journaliste vient d'une loi de 1935 dont les dispositions peuvent aujourd'hui encore expliquer la faiblesse du nombre des journalistes français formés dans des écoles de journalisme. Nombre de titres importants de la presse quotidienne et spécialisée restent les héritiers — parfois illégitimes — de journaux nés dans l'entre-deux-guerres. Le prix Albert-Londres, qui récompense chaque année un travail de reportage, fait référence à une grande figure du journalisme de la III⁰ République.

Passer par une sociohistoire du journalisme constitue donc une nécessité. Ses risques sont évidents : celui d'une régression à l'infini qui irait jusqu'à *La Gazette* de Renaudot (1630) chercher les prémices du journalisme, celui d'un enlisement dans une chronologie des apparitions de titres et de formules éditoriales, de bilan des tirages. D'excellents travaux sont disponibles sur ces questions [Bellanger *et al.*, 1975 ; Charon, 1991]. L'option retenue ici consiste plutôt à valoriser une comparaison entre journalismes français et anglophone afin de mettre en évidence deux modèles décalés [Chalaby, 1998]. Un second éclairage viendra d'une brève incursion dans la réflexion sociologique sur la notion même de profession appliquée au journalisme.

Le modèle anglo-américain

Une masse croissante de recherches sur l'histoire du journalisme [Schudson, 1978 ; Chalaby, 1998] s'accorde à localiser en Grande-Bretagne et plus encore aux États-Unis l'origine des pratiques journalistiques qui ont engendré les normes de référence de ce métier. Cinq points de repères peuvent situer ce modèle anglo-américain.

Facts, facts, facts

Le premier a trait à l'importance de la dimension de collecte de l'information (*news-gathering*). Le journaliste américain se définit avant tout comme un professionnel de la quête de la nouvelle. Les incarnations héroïques de cette figure sont celles du grand reporter, du *muckracker* qui déterre les scandales. L'apparition des journaux bon marché de la *Penny press*, que symbolise le lancement du *New York Sun* en 1833, consacre ce journalisme orienté vers la collecte du fait. Les rituels élémentaires de la pratique journalistique, telle la « tournée » qui conduit du commissariat, pour les faits divers, à la mairie pour l'état civil, sont nés aux États-Unis. Cette orientation définit déjà un modèle de professionnalisme. Être journaliste suppose un rapport au terrain, la constitution d'un carnet d'adresses, des savoir-faire liés à la prise de notes, au recoupement de l'information, à la maîtrise de la situation d'entretien. Des genres journalistiques qui paraissent aujourd'hui évidents sont nés aux États-Unis de cette quête de l'information. La naissance du reportage est largement liée à la couverture de la guerre de Sécession. L'interview sera également inventée dans les années 1860, et les polémiques que suscite alors en France la démarche inconvenante qui consiste à questionner un président des États-Unis ou un pape [Schudson, 1995] montrent combien l'innovation n'allait pas de soi. En associant ainsi à la pratique journalistique des tâches, des compétences, une écriture irréductible à celle d'activités préexistantes (écrivains, juristes), le modèle anglo-américain en a fait une activité pensable comme une profession à part entière, ouvrant à ses praticiens des perspectives de carrière. Schudson [1978] souligne ce processus à travers l'évolution des stéréotypes. Personnage souvent caricaturé sous les traits du « journaleux » de petite ville, négligé, alcoolique, peu cultivé, le journaliste américain acquiert après 1850 une respectabilité sociale dont atteste la valorisation du reporter.

La centralité du factuel est liée à un deuxième trait du journalisme anglo-saxon : la prédominance qu'y prend un discours de l'objectivité, construit autour d'une visée de restitution des faits, séparant information et commentaire. Une affiche apposée dans la rédaction du *Chicago Tribune* dans les années 1880 dit simplement « Qui ? Quoi ? Comment ? Quand ? Où ? ». Le rédacteur du *Philadelphia Tribune* énonce que si le titre doit exprimer une opinion, lui seul y est habilité [Solomon et McChesney, 1993]. Cette croyance en la restitution objective de faits immaculés est grosse d'illusions (voir chapitre IV). Mais, devenue norme professionnelle, elle produit des effets. Elle stimule un regard objectivant qui cherche une description clinique des événements, pose les individus et les faits en objets de descriptions froides, se défie du commentaire identifié au bavardage. Le corollaire de ces orientations est la dévalorisation des formes ampoulées d'expression, des registres polémiques ou normatifs au profit d'une écriture sobre et descriptive. Ce style peut en partie s'expliquer par la capacité de condensation de la langue anglaise, dominée par un lexique de mots bi- ou trisyllabiques [Palmer, 1996]. Mais si une culture française pousse à décrire cette écriture comme absence d'apprêts, elle n'est cependant pas condamnée à la platitude. Des écrivains-journalistes nommés Cather, Hemingway ou Capote en témoignent.

Utilitarisme, logique d'entreprise et professionnalisation

La presse américaine est aussi d'un utilitarisme revendiqué. Elle informe les agriculteurs sur les évolutions agronomiques, les cours de leurs productions ; dans les villes de la côte est, les nouvelles utiles aux affaires (Bourse, mouvement des navires) sont valorisées. La quête du lectorat se traduit aussi par la multiplication des rubriques pratiques allant des recettes de cuisine aux chroniques religieuses. Après l'utilitarisme, un quatrième trait du journalisme anglo-américain découle du statut de la presse comme activité entrepreneuriale. Le magnat de presse Roy Howard déclare : « Nous sommes venus à Detroit simplement comme marchands de nouvelles. Nous sommes ici pour vendre de la publicité et la vendre à un tarif profitable pour ceux qui y investissent. Mais nous devons d'abord produire un journal avec une information attractive qui suscitera sa circulation et rendra la publicité plus efficace » [Solomon et McChesney, 1993]. Les *press barons* (Pearsons, Northcliff, Hearst) seront les premiers à constituer des groupes de presse économiquement puissants. Les causes de cette situation sont multiples [Chalaby, 1997]. Elles sont économiques : la concentration de la presse reflète le développement plus rapide du capitalisme dans les pays anglo-saxons. La lutte pour les marchés passe aussi par un usage précoce de la publicité. À la fin du XIXe siècle, nombre de quotidiens américains y trouvent 60 % de leurs recettes, quand *Le Petit Parisien* dépasse laborieusement 10 %. Le droit joue aussi un rôle. La liberté de la presse est consolidée dès 1791 aux États-Unis, elle s'affirmit en Grande-Bretagne dans les années 1830. Cette sécurité juridique, qui ne sera établie en France qu'en 1881, permet la publication d'un journal comme activité marchande, libérée de la menace de sanctions ruineuses. L'urbanisation plus précoce constitue un autre élément de baisse des coûts de diffusion et d'extension du lectorat. Mais ce sont les incidences de cette concentration économique de la presse sur le journalisme qu'il faut souligner. La logique de maximisation des audiences est indissociable des registres utilitaires et du parti pris factuel déjà soulignés. Les *press barons* sont des entrepreneurs capitalistes avant d'être les relais de forces politiques, ce qui dissocie le journalisme de l'engagement partisan. La logique entrepreneuriale contribue donc à une professionnalisation forcée. Le journaliste américain, et c'est là la dernière de ses singularités, n'est pas un semi-artiste ou un partisan mais un salarié payé au rendement. Sa rémunération dépend de l'originalité des informations collectées. Le dépit d'une journaliste new-yorkaise à la fin du siècle dernier en témoigne : l'homme qu'on vient de repêcher dans le port n'est pas mort... Simple accident dont le compte rendu vaudra deux dollars quand un suicide réussi en eût rapporté six ! Cette rationalisation conforte un savoir-faire professionnel à base de techniques, de capacités d'enquête, d'une écriture normalisée, qu'inculquent dès la fin du siècle des départements de journalisme dans les universités.

Le journalisme à la française

Entre littérature et politique

La singularité initiale du journalisme français pourrait s'exprimer en une formule paradoxale : jusqu'à la naissance de la presse populaire à la Belle Époque, les journaux se font sans journalistes. Les articles sont certes rédigés par des collaborateurs de presse. Mais ceux-ci ne vivent pas leur activité comme un métier à part entière avec ses savoir-faire propres, sa logique de carrière. Travailler pour un journal est une position d'attente vers les vraies carrières de la littérature et de la politique. Balzac décrit ce phénomène dans *Illusions perdues*, plus encore dans sa *Monographie de la presse parisienne* [1843] qui développe une typologie des collaborateurs de presse. Celle-ci rend bien visible le statut « vide » du journalisme. Il ouvre la voie vers la réussite ailleurs, ou stérilise ceux qui s'y engluent. Les « petits journalistes, débutants, plus ou moins poètes, grouillent dans ces journaux en rêvant de positions élevées, attirés à Paris comme des moucherons par le soleil [...]. Ils tombent épuisés et se changent en employés dans quelque ministère. » Par ailleurs, si l'on excepte les « camaraillistes » qui prennent en sténographie les débats

Regards croisés
sur deux modèles
de journalisme

Le modèle « américain »,
vu de Paris

« Un amas informe, indigeste, de petits faits qui tombent les uns par-dessus les autres, sans qu'aucun ferment d'idées mette en jeu et fasse lever cette pâte » (Francisque Sarcey, *L'Opinion nationale*, 1865).

« L'information à outrance [...] a transformé le journalisme, tué les grands articles de discussion, tué la critique littéraire, donné chaque jour plus de place aux dépêches, aux nouvelles grandes et petites, aux procès-verbaux des reporters et des interviews » (Émile Zola, 1888).

« Ce que l'on veut à présent, ce sont des faits : chacun en tire la conclusion qu'il lui plaît. Faut-il pour cela adopter sans modification la formule américaine ? Non. L'information telle que les Américains la comprennent [...] doit certainement être la base du journalisme moderne. Mais en France, il nous faut quelque chose de plus. Nous sommes trop raffinés pour nous contenter d'un reportage tout sec. Et puis le commerçant, le politicien ne sont pas seuls à lire le journal. Il y a l'écrivain, l'artiste, il y a les femmes aussi qui s'intéressent médiocrement à l'information banale et brutale. De là, deux nécessités : relever le reportage en le confiant à des écrivains de talent et, en second lieu, faire une large place à la partie purement littéraire » (Fernand Xau, patron du *Journal*, 1892).

Le modèle français, vu par
des correspondants étrangers à Paris

« Si je lis la presse de Paris pour me distraire, je lis celle de Londres pour me renseigner le plus exactement possible sur les événements de mon temps » (Theodor Herzl, correspondant de la *Neue Freie Presse* de Vienne, 1902).

« Les journaux allemands, anglais, belges, italiens, suisses sont renseignés et instructifs, mais très généralement mal écrits et ennuyeux. Le journal de Paris n'informe guère ou renseigne incomplètement, mais il intéresse tout de même, parce que vos journalistes sont les premiers du monde pour le tour de main et l'art de trousser un article » (Édouard Secrétan, correspondant de *La Gazette de Lausanne*, 1902).

« Le désir profond des journalistes français, c'est de raconter ce qu'ils pensent et non pas de se faire l'intermédiaire entre l'événement et le public. Mes collègues d'ici ne cherchent pas à couvrir l'Allemagne d'une manière sobre, je dirai statistique. Ils veulent faire part de leur image de l'Allemagne » (correspondant d'hebdomadaire allemand, 1983).

« Vous venez de faire un long reportage, vous le transmettez à votre rédac-chef qui n'aime pas. Dans les pays anglo-saxons le journaliste repart sur le terrain. En France il se renferme dans son bureau. Il "pense" » (correspondant américain à Paris, Télévision, 1982).

Sources : Padioleau [1983] ; Ferenczi [1993] ; Delporte [1999].

---

parlementaires, aucune compétence professionnelle spécifique ne semble requise. Aucun des personnages dépeints n'enquête. La compétence des journalistes est littéraire, faite de talent polémique, de pyrotechnie rhétorique. De multiples données manifestent ce penchant littéraire du journalisme français. Les titres qui font décoller une presse de masse (*La Presse* de Girardin en 1839, *Le Petit Journal* de Millaud en 1863) jouent d'un produit d'appel qui est le feuilleton rédigé par des plumes célèbres (Balzac, Dumas, Hugo, Sue). De Zola à Camus, cette tradition de coopération demeure un trait du journalisme français, dont les monstres sacrés (Londres, Bodard) associent aussi la figure de l'écrivain à celle du reporter.

Le second tropisme du journalisme français est politique. La majorité des titres s'identifient à des sensibilités politiques, plus tard à des partis. Sous la IIIe République, nombre de journalistes entreprennent des carrières politiques [Ferenczi, 1993]. Pour les élus, le contrôle d'un quotidien est une ressource stratégique dans les luttes parlementaires, la politique locale. Cette tradition s'inscrira durablement dans la pratique professionnelle, au point que, jusqu'aux débuts de la Ve République, un journaliste politique demeure un journaliste porteur d'opinions politiques [Kaciaf, 2013]. La perméabilité de la presse française à la politique s'illustre par l'efficacité des tactiques de répression, de corruption et d'influence déployées par les gouvernements. La pratique en remonte à Guizot, inventeur d'un « bureau de l'esprit public » qui adresse aux journaux amis des éditoriaux types. L'audiovisuel confirmera cette tendance [Bourdon, 1994].

Le journalisme français marque donc sa différence au modèle anglo-américain. La dimension du *news-gathering* y reste durablement peu développée. L'excellence professionnelle s'y fonde sur la maîtrise et le brio du style, la capacité à défendre une ligne éditoriale. Les contenus rédactionnels, valorisant critiques, billets et chroniques, traduisent le poids du commentaire, d'un métadiscours sur l'actualité qui privilégie l'expression des opinions, transforme l'événement en prétexte à exercices de style brillants et désinvoltes.

Une professionnalisation tardive et inaboutie

Divers travaux [Martin, 1991 ; Ruellan, 1993 ; 1997 ; Delporte, 1999] soulignent la lenteur du processus d'institutionnalisation d'une identité professionnelle de journalistes en France. La loi de 1881 sur la presse met fin aux multiples formes de censure explicite ou déguisée. Ce cadre juridique libéral favorise l'essor de la presse quotidienne et le développement de la population des journalistes. Ils sont 4 000 en 1890, 6 000 en 1900. La spécialisation des tâches, la hiérarchisation se développent. Mais on demeure loin d'une profession organisée. Un réseau d'amicales, de mutuelles, d'associations se met en place [Delporte, 1999]. Mais aucune de ces structures ne peut, ni n'entend vraiment représenter une profession dont l'identité demeure molle. Le *Bel Ami* de Maupassant (1885) suggère ce flou de la profession. Introduit au journalisme par un ami, cet ancien sous-officier se révèle initialement piètre rédacteur. Son premier apprentissage professionnel consiste à « bidonner » un entretien. Bel Ami ne manifeste aucune espèce de vocation. Son travail de journaliste apparaît comme un simple instrument de réussite sociale, *via* le monde politique et celui des affaires peu nettes.

Le premier conflit mondial va servir de détonateur à l'institutionnalisation de la profession. La presse française sort discréditée d'une guerre où elle a servi sans vergogne la propagande officielle. Le Syndicat des journalistes se crée en 1918 en prenant appui sur le tissu des associations antérieures. Il regroupera 75 % de la profession en 1939. Son initiative fondatrice est la rédaction en 1918 d'une charte déontologique. Il s'agit d'abord d'un instrument de réhabilitation morale de la profession. Elle vise aussi à solidifier le groupe autour d'une référence éthique et à l'opposer aux « faux journalistes » amateurs. C'est aussi dans l'après-guerre que des journalistes catholiques créent à Lille, en 1924, la première grande école de journalisme. Sans détailler ici trop d'étapes [Ruellan, 1997], on retiendra la date clé de 1935 avec le vote par le Parlement du statut des journalistes. Il définit un ensemble de droits dans le domaine du travail et de la protection sociale. Il construit surtout une frontière en réservant la qualité de journaliste aux personnes reconnues comme telles par une « commission de la carte d'identité professionnelle » où siègent patrons de presse et journalistes. L'article L 761-2 du code du travail indique : « Le journaliste professionnel est celui qui a pour occupation principale, régulière et rétribuée l'exercice de sa profession dans une ou plusieurs publications quotidiennes ou périodiques ou dans une ou plusieurs agences de presse et qui en tire le principal de ses ressources. » S'il intègre dessinateurs, traducteurs et photographes, le même article exclut explicitement les « agents de publicité » et « collaborateurs » occasionnels.

Cette victoire corporative est équivoque. Alors que le Syndicat des journalistes allait jusqu'à parler d'un « Ordre des journalistes », la commission de la carte ne dispose d'aucune forme de pouvoir de type disciplinaire. Elle ne fait que constater un fait matériel : est journaliste celui qui gagne d'abord sa vie par ce travail. La définition exclut de la profession ceux que le Syndicat dénonce depuis des années : « Commerçants, libraires, instituteurs, professeurs, secrétaires de mairie, fonctionnaires de tout acabit et de tout ordre [qui...] prennent la place des professionnels. » Elle consacre aussi le flou d'une profession pour laquelle aucune condition d'entrée n'est requise.

Les limites d'une opposition

Le tableau serait donc clair. D'un côté, un journalisme à la française — plus littéraire, plus politisé, plus lent à se doter de compétences codifiées et d'une écriture spécifique —, de l'autre, un journalisme anglo-américain, marqué par des traits inverses, plutôt pensé comme une activité économique. Mais le prix de cette clarté est un risque de simplisme, et la réalité d'une opposition doit être peinte avec plus de nuances.

Le journalisme anglophone constitue en réalité un « modèle » plus contrasté que ne le suggèrent trop de descriptions. Le journalisme qui l'emporte finalement à Londres et New York n'y parvient qu'après avoir triomphé de la vive concurrence d'une presse politisée, qu'il s'agisse de l'énorme diffusion clandestine des *unstamped* liés au monde ouvrier naissant en Grande-Bretagne [Chalaby, 1998] ou, aux États-Unis, d'une longue tradition de journalisme politique, lié à la construction des machines de parti [Cook, 1998]. Occulter un demi-siècle où un journalisme engagé joue un rôle central équivaut à réécrire l'histoire du point de vue des vainqueurs. La remarque vaut pareillement pour les influences littéraires. Underwood [2008] produit une histoire des liens étroits et durables entre le journalisme et le roman en Grande-Bretagne et aux États-Unis. La liste des auteurs ayant été à la fois romanciers et contributeurs de journaux prend vite la forme d'un défilé (Dickens, Anderson, Sinclair, Orwell, Waugh, Dos Passos, Steinbeck, Boyd, Barnes, Updike pour illustrations) qui rend sceptique sur l'étanchéité du lien entre les deux mondes et relativise la vision d'un journalisme ligoté par une mystique de la factualité. Plus exactement, la vision du journalisme comme rationalisation d'un savoir-faire en collecte de faits, comme mode d'écriture descriptif et distancié s'est heurtée à des crises et contestations [Schudson, 1978]. Le détonateur en sera la prise de conscience du poids croissant des sources et des institutions officielles dans la fabrication de l'information diffusée : découverte effarée de l'efficacité des *public relation officers*, dont communiqués et dossiers viennent parfois meubler la moitié du rédactionnel des quotidiens dans les années 1920 ; exaspération dans les années 1960 devant le talent du personnel politique à multiplier les « coups médiatiques » qui sont aussi des pièges à journalistes. La riposte à ce qui est vécu comme manipulation prend majoritairement la forme d'un durcissement du parti pris d'enquête. C'est ce que propose Walter Lipmann à la fin des années 1920 en consacrant tardivement la notion d'objectivité. Une seule solution pour résister aux sources : enquêter, recouper. La même logique fera promouvoir dans les années 1960 un *Precision journalism* [Meyer, 1973] qui utilise les ressources (statistiques, enquêtes) ou les méthodes (sondages) de la statistique ou des sciences sociales pour produire une connaissance scientifique des faits. Mais, tant en 1920 qu'en 1960, donner plus de place à la subjectivité, aux commentaires, à la contextualisation apparaît aussi comme une autre réponse aux experts en « relations publiques ». Le manuel classique *Reporting for Beginners* de McDougall devient ainsi en 1938 *Interpretative Reporting*. Le *New journalism* des années 1960 (voir p. 78-79) se donne aussi pour immense ambition de combiner l'enquête la plus rigoureuse, l'expression de la subjectivité des personnes rencontrées et les ressources du roman. Une des innovations majeures de la presse britannique depuis les années 1980 [Tunstall, 1996] ne réside-t-elle pas encore dans le rôle accru des *columnists* dont billets et éditoriaux correspondent à des genres interprétatifs réputés français ?

Dans un livre novateur, Marie-Ève Thérenty [2007] invite symétri- quement à rompre avec le modèle d'un journalisme français qui peinerait à s'émanciper de la littérature. Tout en soulignant une « fictionnali- sation » de ses manières d'écrire l'information, elle met en lumière une « circularité » où les journalistes à la fois empruntent à la littérature et lui renvoient des innovations (calibrer et découper son texte, se saisir de l'actualité). Elle rend visible combien la part littéraire de ce journalisme français n'exclut pas un glissement graduel du raconter au témoigner, l'avancée d'un mode de narration objectivant qui valorise les « choses vues » ou les paroles collectées face au verbe interprétatif. Le fait est visible dès 1885, dans la manière dont *Le Matin* de Xau introduit une attention accrue à la collecte des faits, au reportage.

Durcir en oppositions nationales les variations de style journalis- tique risque aussi de faire oublier ce qu'elles doivent à la manière dont la scolarisation, les cultures fabriquent des lecteurs et des dispo- sitions, leur lien à une sociologie des publics. Schudson [1978] le rend bien visible en explorant au sein même du journalisme états-unien un binôme *story/information* qui se structure dès les années 1880.

Nuancer une opposition, c'est aussi penser à la circulation inter- nationale des modèles et formules. L'histoire du journalisme est aussi faite de tentatives — comme aux Pays-Bas [Broesma, 2007] — pour hybrider la rigueur « américaine » en production d'information et le souci « français » d'une écriture séduisante et confortable. La presse française n'a cessé d'importer et d'adapter les formules rédactionnelles anglo-saxonnes. La plupart des succès éditoriaux de l'entre-deux- guerres en témoignent. Le groupe Prouvost va calquer les recettes des tabloïds britanniques pour lancer *Paris Soir* (1931) ; *Paris Match* décolle après 1938 en s'inspirant de *Life*. Si la vision d'une opposition binaire peut être éclairante, elle le sera plus encore en y discernant déclinaisons, hybridations et importations. Donner consistance à

Story contre Information

Pulitzer rachète en 1883 le *New York World* où il va promouvoir ce que Schudson désigne comme le registre *Story*, la narrativisation de l'information. Il s'agit de valoriser une information locale, pratique, la couverture des scandales et des événements sensationnels, et de lui donner formellement la vitesse et le pouvoir de reconstruction du réel d'un récit réaliste. Elizabeth Cochran se rend ainsi célèbre par ses reportages : déguisée en immigrante, elle teste l'accueil à Staten Island, saute à l'eau d'un ferry du port pour vérifier l'efficacité des services de secours. Ce mélange d'émotionnel et d'utilitaire cible un public populaire, immigrant, vise à le socialiser à l'Amérique ou tout simplement à l'anglais (d'où les manchettes, les récits brefs au vocabulaire simple).

À partir des mêmes repères d'utilité et de factualité, le *New York Times* propose, lui, un registre rédactionnel plus ascétique, plus rigoureux et plus distancié : l'*information*, dégagée au maximum de toute gangue narrative. Son slogan *All the news that's fit to print* (« Toute l'info qu'il convient de publier ») suggère à la fois l'exhaustivité et le refus d'une information inconvenante. Pensé comme plus armé culturellement, plus élevé socialement, le lecteur du *Times* aurait peu d'appétence pour l'émotionnel, le scandaleux. *Homo economicus* rationnel, il veut des faits précis, des explications utiles à ses affaires et non des émotions. L'opposition suggère bien deux polarités du journalisme, deux visions des publics et de leurs attentes aussi. Le risque serait de la figer dans des couples tels que émotionnel-superficiel-manipulatoire *vs* rationnel-approfondi-éclairant. Car, comme le montrent ses floraisons successives, un journalisme narratif ou *explanatory* peut faire sens du monde et des rapports vécus à celui-ci à partir du récit et de l'immersion [Neveu, 2017].

Source : Schudson [1978].

---

cette approche supposerait de briser les barrières disciplinaires entre histoire de l'art, de la littérature et du journalisme, entre histoire des sciences sociales et de la culture et d'avancer vers une cartographie des manières rivales et complémentaires de parler de la société depuis le XIXᵉ siècle, comme y invite Denis Ruellan [2010] dans une excitante contribution qui aborde le peintre Courbet comme un contributeur à l'art naissant du reportage, d'un reportage réaliste qui bouscule les bien-pensances, met en visibilité l'ordinaire de la vie sociale.

Une identité professionnelle flexible ?

Une profession faiblement institutionnalisée

Les genèses du journalisme posent aussi la question de ce qu'est le métier de journaliste, au double sens d'une palette de savoir-faire et d'une profession organisée par des règles.

La sociologie fonctionnaliste a produit une abondante littérature sur la notion de profession [Chapoulie, 1973]. En résumant à l'excès on en retiendra quatre critères. Une « profession » suppose des conditions formelles d'accès à l'activité (diplôme, certification). Elle détient un monopole sur l'activité qu'elle régit, comme l'illustre l'organisation des avocats ou des médecins. Elle dispose d'une culture et d'une éthique qu'elle peut faire respecter par des moyens contraignants que lui accorde l'État (cas des ordres professionnels). Elle forme enfin une communauté réelle : ses membres lui consacrent l'essentiel de leur énergie sociale, sont conscients d'avoir des intérêts communs.

Il suffit de chercher à appliquer cette grille au journalisme pour voir les ambiguïtés de sa « professionnalisation ». Il existe bien un statut légal du journaliste français. Mais l'octroi de la carte de journaliste ne dépend juridiquement ni d'un niveau de formation déterminé ni de la détention d'un diplôme de journalisme. Le fait n'empêche pas les journalistes de partager concrètement un répertoire de compétences. Il signale que cette maîtrise peut être très inégale et qu'elle s'apprend encore souvent « sur le tas ». Il n'y a donc pas de ticket d'entrée *stricto sensu*. Pour cette raison, la notion de « monopole » dans l'accès au journalisme n'a qu'une signification molle. La commission de la carte (http://www.ccijp.net) délivre certes un document officiel. Mais il ne fait qu'enregistrer la réalité de revenus venant d'abord de la presse et n'interdit en rien à des non-titulaires de la carte d'exercer les mêmes activités que des journalistes encartés, comme le montre le fait que des animateurs de télévision questionnent des dirigeants politiques. L'existence d'une « communauté réelle » est équivoque. Le journalisme est plus que jamais fait de métiers au pluriel, morcelé selon médias et spécialités [Charon, 1993]. La montée de la précarité ronge sa cohérence, les contenus rédactionnels sont produits par une palette de profils de plus en plus variés qui érodent la place des titulaires de la carte professionnelle. Le journalisme français a bien des institutions : syndicats (SNJ), prix, assises annuelles, sociétés de rédacteurs. Mais sa composante mobilisée pour défendre une identité professionnelle est modeste, le sentiment du nous étant plus fortement réactivé par les agressions extérieures, comme lorsque des journalismes défilent, carte de presse bien en vue, en tête des cortèges qui marquent l'horreur du massacre de la rédaction de *Charlie Hebdo* en 2015.

Peut-on au moins parler d'une culture partagée ? L'enquête, ancienne, de Rémi Rieffel [1984] révélait aux sommets de la profession le poids de visions du métier comme un service du public à qui apporter des informations utiles, les images du médiateur qui rend visible le monde social, du « pédagogue » ou « ordonnateur » qui met de la clarté dans le chaos des événements. La montée des logiques commerciales, la valorisation d'une excellence fondée sur les audiences ont fait évoluer la subjectivité journalistique. Les tendances internationales [Waisbord, 2013] montrent que les journalistes ont intégré comme une compétence essentielle le talent à capter l'attention, à séduire, voire distraire, à anticiper sur les attentes présumées des publics, tandis que pâlissaient les croyances en un éminent rôle démocratique. Il faut à l'inverse souligner la persistance de croyances et d'attentes qui maintiennent un sens à la notion de vocation journalistique. En y ôtant toute dimension péjorative, l'image du journaliste « accro de l'événement » n'est en rien déplacée. La puissance d'attraction d'un métier pourtant en difficulté est là : dans la dimension émotionnelle, la décharge d'adrénaline qui accompagne l'exaltation d'être sur un *scoop*, aux premières loges pour vivre et couvrir un temps fort de la vie sociale, dans les plaisirs renouvelés de rencontrer des gens importants comme d'obtenir la parole de gens ordinaires qui se confient dévoile des expériences parfois bouleversantes. Faut-il dire que toutes les trajectoires professionnelles ne satisfont pas ces attentes ? Il est plus difficile pour le localier de Pézenas que pour le grand reporter d'entretenir le sentiment de chevaucher l'événement à majuscule ; il faut plus d'imagination au pigiste d'un magazine de football qu'au journaliste politique pour se penser en auxiliaire de la démocratie. La mollesse des mécanismes de régulation éthique n'est pas non plus, en France, un grand appui à une vision exigeante du métier. On peut bidouiller une fausse interview de Fidel Castro et rester encore dix-sept ans présentateur du journal télévisé de TF1. Mettre en danger la vie d'otages — en janvier 2015 — par des informations irréfléchies ne coûte qu'une « mise en demeure » de ne pas recommencer par le CSA.

Profits et risques d'un métier de frontière

Le journalisme n'entre donc pas dans la boîte sociologique des professions « organisées » ? Mais en quoi y a-t-il là problème ? Une première réponse consisterait à se demander s'il ne réside pas justement dans les présupposés de l'analyse fonctionnaliste. Il serait désirable qu'une profession soit organisée. Le journalisme serait meilleur si ses praticiens sortaient d'écoles spécialisées, si la profession contrôlait mieux ses membres. Pareil point de vue peut se défendre. Il suppose cependant que soient pesés les inconvénients des professions organisées (les ordres professionnels français n'ont-ils que des vertus ?) et que ne soit pas donné comme un énoncé scientifique ce qui est aussi une vision normative des métiers.

Une autre réponse consiste à se placer du point de vue des journalistes. Le flou de leur fonctionnement professionnel a présenté pour eux plus d'avantages que de handicaps, ce que Ruellan [1993] argumente par la notion de « métier de frontière ». Frontière vaut ici dans son sens américain : non une limite balisée et contrôlée, mais un front mouvant. Concrètement, le jeu sur la *frontier* a consisté pour le journalisme à annexer au fil du temps de nouvelles activités, liées à de nouveaux médias (radio, TV, Internet). Cette digestion de métiers inédits est venue conforter le groupe. L'absence d'exigence de diplômes spécifique a permis d'intégrer au métier une grande variété de compétences qui ont contribué à son efficacité (journalisme scientifique). Elle évite à la profession de supporter la responsabilité d'une surpopulation de diplômés dotés d'une sorte de « droit à exercer ».

Le fait que l'exigence d'un diplôme spécifique n'ait jamais été un mot d'ordre des professionnels du journalisme s'explique pour partie par la dimension mimétique de certains apprentissages du journalisme. Ruellan souligne également que les carrières du journalisme ont fonctionné comme des moyens de promotion ou de rétablissement social pour des autodidactes ou des jeunes des classes moyennes en délicatesse avec la logique scolaire. On imagine donc mal que des agents dont la carrière s'est parfois faite en contournant les diplômes deviennent les chantres de la qualification scolaire. À la différence du médecin ou de l'universitaire, le journaliste ne doit d'ailleurs pas son prestige social à un cursus long ou sélectif mais à d'autres ressources : qualité d'expression, visibilité sociale, proximité des puissants, courage du correspondant de guerre. La conclusion de ce raisonnement centré sur le point de vue journalistique suggère le thème de la force des groupes flous mise en évidence par Luc Boltanski [1984] à propos des cadres. Le flou professionnel aura été gros d'avantages supérieurs à ses inconvénients, comme la faiblesse d'une police déontologique.

La dynamique pourrait bien s'être inversée — les prochain et dernier chapitres vont le détailler. Les journalistes et le journalisme sont doublement menacés. La première menace se nomme encerclement : le nombre des professionnels dont la tâche est d'influencer les journalistes, de produire des informations au service d'institutions (collectivités locales, associations) ou d'intérêts organisés (entreprises, *lobbies*) est très supérieur au nombre des journalistes. Et comme une bonne partie de ces « communicateurs » sont d'anciens journalistes lassés des contraintes ou déceptions de leur métier premier, ou des candidats-journalistes condamnés par la précarité à pratiquer un double métier qui est aussi double jeu, cet encerclement affecte l'esprit de la profession. Faire le travail de deuil d'une carrière de journaliste inaccessible, rationaliser pour soi-même et les autres le fait de devoir boucler les fins de mois avec l'argent d'une « communication » dont on est censé marquer l'infériorité morale et intellectuelle sur l'Information, c'est brouiller les frontières, les valeurs, les identités [Legavre, 2011 ; Fröhlich *et al.*, 2013]. La seconde menace, imbriquée à la première, se nomme dissolution. Que deviennent le métier et l'identité journalistiques quand les contenus qu'on lit dans la presse ou sur des sites d'information sont produits par un *continuum* de « travailleurs de l'information » aux composantes confuses et aux frontières molles, où se côtoient le blogueur amateur et le journaliste spécialisé, le dossier de presse recyclé et l'investigation audacieuse, le texte platement utilitaire du tâcheron d'une « ferme de contenus » et le billet travaillé d'une reporter de terrain ? Que deviennent tout simplement la capacité à croire dans le sens et la grandeur d'un métier pour le jeune journaliste trimballé de stage en contrats hypercourts, scotché dans l'espace de la salle de rédaction, sans spécialité identifiable, ayant plus le sentiment d'être un soutier qui alimente le site Web en petits textes qu'un professionnel qui observe, questionne, met en forme ses découvertes [Accardo, 1998] ?

Faut-il alors renouer, un siècle après, avec le geste fondateur du Syndicat des journalistes et lutter pour une nouvelle clôture du métier contre l'armée des communicateurs et « faux » professionnels ? Faut-il remettre à plat la définition de la profession... au risque de légitimer les pires formes de précarité, ou de mettre en équivalence toutes les formes de discours ou d'explications sur le monde social et son fonctionnement ? Faut-il plutôt inclure dans le(s) métier(s) journalistiques(s) l'art et le savoir de faire le tri et de coordonner les apports des plus rigoureux et compétents de ces nouveaux professionnels de l'information ?

II / L'espace des journalismes aujourd'hui

Ce chapitre vise à dresser la carte de la profession journalistique, de ses composantes et évolutions, essentiellement sur le cas français. Il mobilise pour cela les données de la Commission de la carte, plus encore leurs analyses par les chercheurs parisiens du CARISM et de l'équipe rennaise ARÈNES [Leteinturier et Frisque, 2015].

Morphologie d'une profession

Le journalisme français a connu, dans les années 1980-1990 en particulier, une énorme expansion de ses effectifs. Ils triplent entre 1960 et 2000, doublent sur la seule période 1980-2000. Ils connaissent en revanche un tassement, et même une légère régression depuis 2008, ce qui reflète à la fois une crise de la presse écrite... et au moins autant un problème sur la nature de ceux et celles qui sont comptés.

Les effectifs de la profession

	1980	1985	1990	1999	2008	2012	2017
Total	16 619	22 621	26 614	31 902	37 303	37 012	35 047
Dont :							
Salariés mensualisés	11 945	14 109	16 459	24 911	28 642	27 008	25 368
Pigistes	829	1 408	2 344	5 709	6 778	7 933	7 745
Chômeurs	261	699	830	1 281	1 342		1 459
Directeurs	–	–	–	–	–	567	495

Source : http://www.ccijp.net.

Quatre évolutions majeures

Les changements du journalisme français peuvent être cadrés à partir de quatre repères. Un premier trait du journalisme français a tenu à son intense rajeunissement sous l'effet des grandes vagues de recrutement des années 1980-1990, puisque, en 1999, 40 % des titulaires de la carte avaient moins de quarante ans. La relative jeunesse du groupe professionnel reste attestée par une moyenne d'âge de 44,5 ans en 2017, mais les vagues de recrutement d'hier voudront aussi dire, sauf sorties massives du métier, nouveau cycle de vieillissement dans les années 2020. Une seconde tendance saillante est la montée du niveau de qualification. 18,6 % des journalistes ont suivi une formation au journalisme dans les écoles reconnues par la profession. C'est encore très minoritaire. C'est aussi moitié plus qu'en 2000 (12,2 %). Ce sont désormais plus de 90 % des entrants qui ont un diplôme du supérieur. Formations au journalisme, études « littéraires », droit et science politique, sciences sociales fournissent, en des proportions comparables, 75 % des flux d'entrée.

Au-delà de la hausse générale du niveau de formation, deux points peuvent être soulignés. Il s'agit d'abord des différences persistantes de formation entre hommes et femmes. Les femmes journalistes sont plus souvent diplômées des filières littéraires et « info-com », qui ne sont pas les plus porteuses pour accéder aux emplois de cadres dans la presse. Même si cet écart se réduit aujourd'hui, les hommes sont plus souvent diplômés des instituts d'études politiques (IEP) et des écoles de journalisme reconnues. Les travaux de Dominique Marchetti [Marchetti, 1998 ; Lafarge et Marchetti, 2011] sont ici éclairants. Il est en particulier pertinent d'isoler un quatuor des écoles les plus cotées (ESJ-CFJ-CUEJ-IPJ) dont le diplôme facilite l'accès aux postes les plus convoités, avec des frais de scolarité élevés (ils sont souvent supérieurs à 6 000 euros par an en école privée, culminent à 14 000 euros à Sciences Po Paris pour les étudiants dont les parents sont au sommet des barèmes d'impôt sur le revenu). En 2005, la part des étudiants venus des Instituts d'études politiques s'y situait entre 40 % et 50 %, celle des jeunes dont le père était cadre ou profession intellectuelle supérieure dépassait 52 %. Il ne faut certes pas oublier qu'une grande majorité des journalistes ne viennent pas des écoles de journalisme, ni négliger le fait que d'autres de ces formations (Lannion, Tours) ont un recrutement socialement plus ouvert. Il demeure que les écoles les plus recherchées sont fréquentées massivement par des jeunes de familles favorisées, sans grande expérience d'autres milieux sociaux, ayant majoritairement suivi les mêmes cursus scolaires, y côtoyant une part des futurs décideurs de l'administration, du politique et des entreprises. Le fait peut éclairer le conformisme inconscient de bien des journalistes, l'incapacité fréquente à adopter une posture d'empathie pour les milieux populaires, l'homogénéité de traitement de nombreux dossiers entre titres et réseaux.

La troisième mutation du journalisme vient de sa féminisation. Les femmes représentaient 15,3 % des journalistes en 1965, 39 % en 1999, 47 % en 2017... où elles représentaient même 54 % des journalistes recevant cette année-là leur première carte. Le poids des femmes est contrasté selon les médias. Majoritaires en presse magazine, elles sont en revanche beaucoup moins présentes en presse régionale (à peine 30 % en 2000), plus sous-représentées (42 % en 2016) en télévision et radio. Elles sont aussi surreprésentées (59 % en 1999) dans les secrétariats de rédaction. Les femmes journalistes se heurtent aux difficultés des femmes au travail. Elles sortent plus souvent que les hommes d'une profession qui exerce de fortes contraintes de disponibilité et d'amplitude horaire. Elles ont plus de mal à devenir cadre, subissent davantage la précarité. Les écarts de rémunération persistent aussi, même dans la catégorie la plus stable des titulaires de CDI ; le salaire médian féminin était de 3 380 euros en 2017, soit 10 % de moins que celui des hommes, et l'écart est proche de 20 % chez les pigistes. Dans les rédactions des titres d'information générale [Neveu, 2000b] la division du travail associe souvent les femmes à la couverture du social, au culturel, au pratique, au monde des *soft news* faites d'analyse des tendances sociales et des comportements, de dossiers, d'information utilitaire, par opposition aux *hard news* centrées sur l'événement, la tension de l'actualité.

La plus saillante des évolutions récentes est sans conteste l'explosion de la précarité qu'objective le poids de la catégorie « pigiste ». Le terme désigne initialement les journalistes payés à la « pige », au papier ou au reportage produit. Certains journalistes, s'ils disposent d'une reconnaissance et d'un réseau de médias qui les sollicitent, peuvent bien vivre de ce statut et y trouver une grande autonomie. Dans l'immense majorité des cas, pigiste veut dire précarité, besoin d'être sans cesse en quête d'un petit contrat court, d'une commande. Les pigistes représentaient 8,5 % des titulaires de carte en 1975, 14,7 % en 1990, 18,7 % en 2016. Comme le montre une analyse très fine de Cégolène Frisque sur les titulaires de carte en 2009, ces chiffres doivent en fait être revus. Les positions précaires sont celles des pigistes, mais aussi de journalistes sur des CDD souvent très courts, des journalistes encartés mais demandeurs d'emploi, ce qui pousse à 24 % les précaires titulaires de carte. Croisant d'autres données dont celles de l'Insee et d'Audiens qui gère les droits sociaux de travailleurs

Les écoles de journalistes en France

Quatorze écoles de journalisme, dont quatre privées, sont reconnues par la convention collective des journalistes. Les plus connues sont l'ESJ de Lille, le CFJ et l'IPJ à Paris et le CUEJ à Strasbourg. Figurent aussi dans la liste les IUT de Bordeaux, Cannes, Lannion et Tours, le CELSA lié à Paris-IV et l'IFP de Paris-II. On y ajoutera les écoles de journalisme de Grenoble, Marseille, Toulouse et de Sciences Po Paris. D'autres formations existent à côté de celles-ci comme les masters « journalisme scientifique » à Paris-VII, « Reportage-Enquête » à Sciences Po Rennes.

Analysant les flux étudiants dans les écoles reconnues, Lafarge et Marchetti [2011] mettent en évidence une série d'évolutions. Elles tiennent au premier chef à la multiplication par quatre des effectifs de ces écoles depuis 1980. Elles résident aussi dans un processus de hiérarchisation. Il oppose d'abord les « grandes » écoles, socialement plus sélectives, monopolisant les stages dans les médias parisiens les plus recherchés, aux « petites » écoles (IUT). Mais l'opposition se complique d'un clivage entre des écoles où prime une logique de sélection académique, visible aux mentions du bac et au passage des étudiants dans des filières sélectives (IEP), et d'autres où l'analyse met en évidence le rendement de traditions familiales dans le journalisme. Le niveau scolaire des candidats recrutés s'est fortement renforcé, tout comme la sélection sociale. 52,7 % des étudiants ont un père cadre ou profession intellectuelle supérieure quand ce groupe représente 18,5 % de la population masculine active et ne pèse « que » 32 % sur l'ensemble du monde étudiant. À l'inverse, les enfants d'ouvriers (10,4 %), d'employés (5,8 %) et de professions intermédiaires (14,6 %) constituent moins du tiers des élèves pour 55 % de l'ensemble des étudiants, alors que leurs pères pèsent pour 70 % de la population active masculine. Pour les étudiants, qui se positionnent très majoritairement « à gauche », les médias les plus attractifs sont ceux du secteur public, de la presse écrite parisienne, télévisions généralistes et titres « populaires » suscitant peu de vocations passionnées.

La situation des écoles de journalisme est délicate [Chupin, 2018]. Leur équilibre financier est fragile, compte tenu des équipements coûteux dont elles ont besoin (studios, informatique, caméras) et du fait que l'enseignement pratique y suppose un fort encadrement des étudiants. Elles opèrent dans une concurrence croissante (près de soixante-dix formations au total en 2018) tant au sein d'une offre publique avec un nombre croissant de masters que par la multiplication d'écoles privées non reconnues (vingt-neuf en 2012), dont les promoteurs sont souvent liés à des entreprises de presse et qui mettent en avant le caractère « opérationnel » d'une formation dominée

de la culture et de la presse, elle situe aux environs de 48 000 le nombre des personnes qui — avec ou sans carte — contribuent *de facto* à alimenter en contenus les médias, cumulant parfois les activités, pratiquant des allers et retours entre les activités habituellement opposées du journalisme et de la communication, relevant d'une grande diversité de statuts (autoentrepreneurs, stagiaires, par des stages et des enseignements exclusivement pratiques. Si la place d'enseignements de sciences sociales au service de la pratique journalistique a pu être confortée sur certains sites (ESJ Lille, EJ Grenoble, IEP Rennes ou Toulouse), cette tendance n'est pas dominante, dans les petites écoles privées au premier chef. Mais, même dans les écoles qui diplôment à bac + 5, une division implicite de la scolarité s'est établie. À l'amont (fac, IEP) la charge d'assurer la formation intellectuelle et académique (testée aux examens d'entrée aux écoles de journalisme sous des formes plus proches du *Trivial Pursuit* que d'une évaluation de capacités réflexives). Aux formations au journalisme la mission de se polariser sur le professionnel (écriture, expression, apprentissage de l'information, maîtrise des outils techniques). Le besoin d'une telle formation est incontestable ; elle permet de faire intégrer par les rédactions des diplômés opérationnels. Mais cette division séquentielle des formations n'est pas exempte d'ambiguïtés. Elle contribue, par la place donnée en amont aux formations de type IEP, à une faible ouverture sociale du recrutement ainsi qu'au poids de ce qu'on peut difficilement ne pas décrire comme un sens commun, voire une idéologie faite d'adhésion aux vertus du marché, de l'Europe telle qu'elle se fait, au bien-fondé des hiérarchies sociales, d'identification de toute critique politique radicale au malfaisant populisme. Ce sont symétriquement les capacités d'ouverture à l'altérité sociale,

d'identification des objets et angles inédits, de déploiement d'analyses problématisées qui peuvent rester en jachère. Cette division des formations aboutit encore à ce que l'investissement dans la lecture des sciences sociales ou un travail consistant de documentation apparaissent, en formation au journalisme, comme du temps mal rentabilisé, voire comme le signe d'un intellectualisme suspect (on lira sur ce point le témoignage accablant d'un ancien élève du CFPJ devenu député insoumis [Ruffin, 2003]). Il n'est pas certain que la dévaluation de tout investissement intellectuel un peu soutenu soit la promesse d'un journalisme précis, exigeant, émancipé des préjugés.

Une évolution récente s'est traduite dans la création en 2010 d'une Conférence nationale des métiers du Journalisme, interface entre les pouvoirs publics et la CPNEJ qui fédère les écoles reconnues. La création de cet espace de concertation manifeste le désir des ministères de la Culture et de l'Enseignement supérieur d'être plus présents dans la définition de la formation des journalistes. Une part des enjeux tiennent ici — en partie contre les écoles privées les moins exigeantes académiquement, les plus disposées à penser le journalisme comme variante de la communication — à négocier entre pressions pour plus de rigueur académique des formations et parcimonie des reconnaissances de nouvelles formations pour veiller à l'adéquation du flux de diplômés à un marché de l'emploi (mais défini sur quel périmètre ?) en tension.

correspondants locaux) et de rémunérations (y compris par droits d'auteur, facturation de prestation). Cette autre comptabilité propulse alors à 38 % le pourcentage des précaires. Elle met en évidence une « déstructuration de l'espace professionnel », une érosion de la part des contenus informationnels produits par des titulaires de carte. Elle aide à comprendre les tensions entre amertume et cynisme que peuvent expérimenter des milliers de candidats au journalisme, pris entre passion de cette activité et rapport désabusé à sa pratique, rêves de produire un journalisme d'enquête et de terrain et obligation de produire son quota de papiers en puisant dans des dossiers concoctés par les sources [Accardo, 1998]. Le constat réactualise aussi la question des frontières de la profession : peut-elle fonctionner de façon de plus en plus segmentée avec des couronnes extérieures de précaires qui seront bientôt d'un poids comparable à celui des statutaires ? Quel(s) statut(s) donner à des acteurs qui, sans tous ou toujours prétendre au statut de journaliste, peuvent faire un travail fiable (blogueurs, sites Web spécialisés) ? Peut-on sacraliser une frontière entre vrais journalistes d'un côté, postulants illégitimes et amateurs de l'autre, sans exiger des premiers des qualifications spécifiques ou des régulations déontologiques effectives ?

Convergences et singularités

Les tendances observables en France le sont aussi internationalement, qu'il s'agisse de féminisation [Fröhlich et Lafky, 2008] ou de hausse des qualifications scolaires. Il en va de même du processus conjoint de tassement des effectifs officiels de journalistes et d'expansion du nombre de personnes contribuant à la production d'information. Alors que la réduction des rédactions de quotidiens a concerné depuis 2000 près de 20 % de leurs journalistes aux États-Unis et un chiffre comparable au Royaume-Uni, tant l'ONS (équivalent britannique de l'Insee) que des organismes de la profession relèvent une hausse de 15 % (voire de 30 % sur le critère « Se déclarent journalistes ») des effectifs sur les années 2010. Comment en faire sens ? En constatant que le centre de gravité de l'emploi n'est plus dans les quotidiens papier, en prenant acte de ce que, au-delà même de la vieille prétention des « communicateurs » à être membres de la famille journaliste, la question d'une révision de la carte des contributeurs à l'information se pose, et qu'elle ne peut s'évacuer par l'application d'une règle de droit du travail simple. L'observation suggère aussi l'actualité d'entreprises de comparatisme sur les systèmes de médias et les cultures journalistiques [Hallin et Mancini, 2004].

Que seraient alors des singularités françaises ? Assurément le poids considérable de la presse magazine qui emploie un pourcentage de journalistes pratiquement double de ses homologues allemand ou canadien. Les raisons de cette singularité sont multiples. On y placera un usage opportuniste d'aides à la presse initialement conçues pour les quotidiens, une ouverture de ce segment de presse à des groupes étrangers innovants, le fait que le secteur ait été un laboratoire d'innovations dans les contenus et les modes de gestion. Une autre spécificité française tient au poids, systématiquement méconnu, de la presse quotidienne régionale. Si elle subit à son tour l'érosion de sa diffusion, elle fait encore 70 % des ventes de journaux chaque jour, tandis qu'*Ouest France* diffuse encore 672 000 exemplaires chaque jour. Acheter un quotidien en Grande-Bretagne suggère aussi une autre singularité majeure : tabloïds ou journaux plus denses de contenus y coûtent de 35 à 70 pences, quand *Le Dauphiné libéré* coûte 1,10 euro et *Le Monde* 2,60 euros. Ces prix presque trois fois supérieurs entretiennent un cercle vicieux : faible diffusion, difficulté à casser les prix.

Les galaxies du journalisme

Comme dans la plupart des mondes professionnels, dès que l'analyse sort des généralités, c'est une mosaïque d'activités qui se révèle. L'étude classique de Tunstall [1971] sur les journalistes londoniens en donnait une illustration. Le choix des journalistes spécialisés des quotidiens londoniens « de qualité » se fixait pourtant sur un groupe en apparence homogène. Or c'est un monde de différences qui se dégageait de l'enquête : écarts considérables de prestige social entre les rubriques nobles des correspondants étrangers et du service politique et des spécialités comme l'automobile et la mode, perçues comme subalternes ou comme simples instruments de récupération d'une manne publicitaire, écarts de rémunération, écarts de formation entre le diplômé d'une *public school* en poste à Washington et l'ancien footballeur professionnel de la rubrique sportive. Ces journalistes spécialisés qui se côtoient dans les couloirs de la rédaction vivent dans des mondes sociaux différents : la majorité des journalistes hommes qui travaillent en rubrique sport et automobile ont épousé des secrétaires, des infirmières, des employées qui seraient autant de mésalliances pour leurs collègues des rubriques nobles. En France, les travaux de Jean-Marie Charon [1993] ont très tôt mis en lumière cet « éclatement » croissant de la profession. Car si près d'un journaliste sur deux a connu l'expérience du changement d'entreprise dans son parcours professionnel, ils ne sont que 10 % à avoir changé de média. C'est dire la singularité de ces « galaxies » qui définissent des manières diverses d'être journaliste.

La presse magazine et spécialisée :
le moteur des changements d'hier ?

En rang modeste sur la lecture des quotidiens, les Français sont les premiers lecteurs de magazines au monde. La presse spécialisée grand public (sports, loisirs, santé...) et la presse technique et professionnelle ont été jusqu'aux années 2000 au cœur de la création d'emplois, pour représenter en 1998 42 % des cartes de presse (chiffre descendu à 36 % en 2012). Du fait de la diversité de ses composantes, des écarts énormes de poids économique, de diffusion entre titres (plus de deux millions d'exemplaires pour deux hebdos TV, moins de 10 000 pour des magazines dédiés à la chasse à cour ou au bel canto), cet univers évoque l'image de la galaxie [*Réseaux*, 2001].

Cinq traits du journalisme de cette presse sont à souligner. Le premier concerne la rupture par rapport à une représentation du journalisme comme auxiliaire de la démocratie. Le lecteur auquel s'adresse cette presse n'est plus saisi dans la figure totale du citoyen mais à travers une de ses composantes identitaires (retraité, homosexuel, parent d'élève), un de ses loisirs (jardinage, opéra). Tendanciellement, c'est une relation de service, souvent d'aide à la consommation que propose un tel journalisme, davantage qu'un mode d'adresse au lecteur en tant que citoyen.

Le journalisme de presse magazine est aussi le terrain d'élection des *soft news*. Si une part de cette presse est tributaire de calendriers événementiels qui s'imposent à elle, comme ceux des compétitions sportives, la plupart des magazines (cuisine, santé) peuvent construire leurs contenus éditoriaux d'une façon relativement déconnectée d'une actualité événementielle imprévisible. La préparation des numéros, spécialement pour les mensuels et trimestriels, se réalise avec des mois d'avance. Comme le souligne Charon [1999, p. 82-83] : « Il revient au journaliste d'identifier des tendances, des phénomènes émergents, afin d'en tirer des sujets d'enquête, de reportage, de dossiers... Le journaliste de presse magazine doit donc être créatif, imaginatif, ultrasensible à tout ce qui bouge et peut intéresser les lecteurs. »

Un troisième trait de ce journalisme est de constituer le laboratoire des logiques marketing sur l'écriture et le travail rédactionnel. Le formatage organisé du travail journalistique vaut pour l'identification de thèmes porteurs, le calibrage des articles. Liés à des groupes de presse (Bayard, EMAP, Hachette, Prisma) dotés de service d'études et de marketing performants, les titres locomotives de ce segment de presse sont ceux où le travail du journaliste est cadré à partir d'un cahier des charges précis, où le travail rédactionnel est tributaire d'une attention forte à l'aspect visuel du produit fini.

Une autre particularité de ce journalisme est de condenser, parfois jusqu'à la caricature, les tensions des rapports de force avec ses sources et ses annonceurs publicitaires. Lecteurs, sources et annonceurs se superposent parfois fortement. Difficile pour une revue exclusivement lue par les professionnels de la grande distribution de multiplier les articles critiques sur les entorses aux normes d'hygiène dont ses lecteurs — qui sont aussi annonceurs et sources — peuvent être les responsables. Une attention trop insistante risquerait de porter préjudice à des acteurs stratégiques du secteur qui sont aussi acheteurs de pages de publicité. On trouvera sans peine nombre de magazines spécialisés où le travail du journaliste diffère assez peu d'une activité de réécriture des documents promotionnels produits par les entreprises du secteur concerné.

Plus que tout autre, enfin, le journalisme dans ces médias spécialisés comporte pour ses professionnels le risque de fonctionner comme un irréversible enfermement. Un press-book composé de papiers sur la plongée sous-marine ou la critique des derniers jeux vidéo risque de se révéler un « sésame » peu efficace pour des stratégies de mobilité professionnelle.

La presse régionale et locale

Deuxième employeur de journalistes français (21,3 % en 2012), la presse quotidienne régionale (PQR) — et la presse locale hebdomadaire et périodique — constitue un univers qui conserve de forts particularismes. Si elle suit les tendances générales du métier de journaliste — en termes de hausse des niveaux de diplôme et d'âge moyen en particulier —, la PQR a longtemps eu un recrutement plus masculin, moins diplômé, des effectifs plus âgés... qu'on peut relier à une forte stabilité puisque, jusqu'aux années 2000, 70 % des journalistes de la PQR faisaient toute leur carrière dans l'entreprise qui les avait embauchés. Cette galaxie est aussi, au sein de la presse d'information générale, celle qui a le plus longtemps résisté à l'érosion de la diffusion. Le particularisme du journalisme local tient surtout au rapport de proximité qu'il entretient avec ses sources et ses lecteurs. Comme le note l'auteur d'un manuel professionnel [Guery, 1992, p. 51 et 54], cette situation peut « rendre le journaliste plus ou moins prisonnier de ses sources d'information [...]. La pression qui s'exerce sur le journaliste de locale est plus subtile et, partant, plus difficile à combattre. Elle tient aux liens qui s'établissent normalement dans une petite ville où tout le monde se connaît et, partant, se fréquente ». La notion de proximité renvoie aussi au « pacte de lecture » implicite de ce type de presse qui définit son lectorat par l'appartenance à un territoire (souligné par les titres : *Le Dauphiné libéré*, *Les Dernières Nouvelles d'Alsace*). Elle est portée à sélectionner les personnages, les événements qui valorisent un « nous » territorialisé, d'où l'importance donnée aux réussites locales, à la vie associative, et corrélativement l'extrême prudence dans la couverture de tout ce qui peut faire conflit entre acteurs du local, la quasi-inexistence de scoops sur des « affaires » mettant en cause des pouvoirs locaux.

On se gardera cependant d'associer la PQR à la seule image d'un journalisme vieillot et déférent. La figure du « localier » y prend des incarnations toutes différentes dans les villes importantes où la diversité des pouvoirs sociaux vient desserrer les contraintes de la proximité. Dans les rédactions centrales, les conditions de travail des journalistes spécialisés (économie, politique) sont proches de celles des quotidiens parisiens. La PQR française a aussi été l'un des foyers les plus actifs de la modernisation de la gestion et des techniques de travail avec ses innovations en matière de publication assistée par ordinateur (PAO), de décentralisation de la gestion des pages par les rédactions locales [Ruellan et Thierry, 1998].

L'identité brouillée du journalisme national d'information générale

S'ils emploient en 2012 un peu plus de 10 % des journalistes, les hebdos d'information et la presse quotidienne nationale constituent à la fois le foyer initial de la pratique journalistique et l'héritier de ses mythologies professionnelles. Malgré la concurrence de l'audiovisuel, ce journalisme conserve un magistère moral et une légitimité que lui donnent à la fois l'héritage de l'histoire et la nature même des formats de la presse écrite dont le volume permet de pousser l'analyse, où les registres normatifs de l'éditorial ou de la tribune permettent une intervention dans le débat public. Le risque est cependant grand de percevoir ce journalisme, à la manière de l'iceberg, par sa partie la plus visible : dimension épique du journalisme d'investigation, raffinement d'analyse des éditorialistes politiques.

Contre une réduction qui fait percevoir ce journalisme au prisme des services politiques de trois ou quatre titres, on en soulignera le morcellement, la diversité des rubriques et des spécialisations qui le travaillent de façon centrifuge. On s'arrêtera aussi sur la paradoxale combinaison de prestige et de fragilité de ce cœur historique de la profession. La presse quotidienne d'information générale subit, aux États-Unis, en Europe et en France, une crise sans précédent et la question de sa disparition sous la forme papier, au profit d'une lecture sur tablettes et écrans, ne relève pas de la science-fiction. Les ventes des hebdomadaires d'information se tassent inexorablement vers 1,2 million d'exemplaires par semaine. Les quotidiens parisiens, rachetés en cascade par de puissants actionnaires privés, sont dans des situations économiques difficiles, la concurrence de l'information en ligne s'exerçant sur une presse à la diffusion déjà

Les contraintes du journalisme local

« Le travail de locale c'est d'abord un "fonds de commerce", un agenda de contacts avec les interlocuteurs de la vie locale : responsables syndicaux, paysans de base, mairies, gendarmerie et police aussi. C'est aussi un rapport de confiance qui se tisse au fil des mois et des années avec les interlocuteurs de la vie locale. Cela veut dire pas de trahison, de l'honnêteté dans les relations. Quand on est en première ligne, en face ou à côté de quelqu'un, il y a une prudence obligée » (responsable de rédaction de sous-préfecture au *Télégramme de Brest*, 1998).

« Il y a une chose que je ne peux pas faire, ce sont les courses au supermarché. Je ne peux pas être tranquille sans qu'on m'accoste pour me parler d'une manifestation à signaler, me faire des commentaires sur un article » (correspondant local *Ouest-France*, ville de 10 000 habitants, 1999).

« Nous, on peut pas se permettre de faire la politique de la terre brûlée. Nous, on peut pas aller voir des gens et puis en faire qu'à notre tête, parce que le mec qu'on a été voir, plus jamais il nous filera d'info. Nous, on peut pas dire on vient, on fait un coup, on est content de notre papier et puis on se casse. On peut pas faire ça, donc on est tout de suite un peu plus mesurés [...]. Pour être clair, on s'autorise jamais de commentaire. En fait, on relate [...]. Nous, on a forcément un journal un peu plus consensuel. On a un taux de pénétration qui est très fort sur notre zone, qui est une petite zone. Si on n'a pas ce taux de pénétration, nous, on meurt [...]. On dit : "Ben voilà, ça s'est passé comme ça" et puis au niveau des commentaires on dit : "Greenpeace commente comme ça, Cogema commente comme cela" » (journaliste, *La Presse de la Manche*, à propos des débats sur l'usine de retraitement nucléaire de La Hague, 1998).

Source : entretiens par O. Baisnée, Y. Guégan, E. Neveu.

modeste et aux prix élevés. Ces difficultés aiguillonnent des changements et des novations. On y mettra un usage croissant de l'infographie et des photos, le compactage des formats d'articles, l'essor de rubriques de *soft news* (gastronomie, style de vie, santé, voyages) parfois très agréables à lire. Le risque est aussi, à force de courir après les apparences et formats des écrans, d'y dissoudre singularités et forces de l'écrit que sont la capacité d'approfondir, de raconter, le travail sur le style, l'attention à l'international.

Le journalisme audiovisuel

Les journalistes de télévision représentent en 2016 16,4 % de la profession, ceux de radio 9,5 %. L'audiovisuel progresse ainsi de 20,7 % à 25,9 % des effectifs de la profession par rapport à 1999, manifestant une forte attractivité qui conforte aussi le profil plus jeune de son recrutement. Si le salaire brut médian des journalistes de télévision était en 1999 le plus élevé de la profession (3 650 euros), on soulignera la grande dispersion des revenus, entre vedettes et journalistes du rang, mais aussi les écarts sensibles entre journalismes audiovisuel national et local (le salaire brut médian est de 2 400 euros en radio locale). Le caractère quasi général du passage antérieur par d'autres expériences professionnelles ou des séquences de pige sans carte de journaliste, la rareté des cas d'accès direct aux fonctions occupées (21 % contre 40 % dans la presse écrite) marquent l'importance particulière des situations de précarité et de compétition professionnelle dans ce milieu qui se caractérise aussi par l'amplitude exceptionnelle des écarts de statut et de rémunération entre une élite restreinte et une masse de journalistes assignés à des tâches laissant peu d'autonomie [Balbastre, *in* Accardo, 1995].

Le chiffre des diplômés d'écoles de journalisme « reconnues », mérite aussi attention. De 26 % dans les radios nationales et 22 % pour les télévisions nationales, il est très supérieur tant à celui des quotidiens nationaux (16 %) ou newsmagazines (10 %) qu'à celui de la moyenne de la profession (12 %) et atteste d'une révolution symbolique. Longtemps snobés par les journalistes de l'écrit comme de bêtes lecteurs de dépêches ou les porte-parole du gouvernement, les journalistes de télévision ont conquis aux yeux de leurs pairs une reconnaissance et une légitimité. Elle doit à leur travail, à leur émancipation à l'égard du pouvoir politique, mais aussi à la centralité prise par la télévision comme lieu où se passe l'événement dans des domaines comme la politique ou le sport.

Agenciers

Les agenciers (9,1 % des journalistes en 2016) constituent la tribu la plus méconnue du public. Pas de vedettariat chez ces invisibles du journalisme. Et cependant, sans eux, la plupart des médias d'information seraient hors d'état de fonctionner, puisque c'est à partir des nouvelles qui passent par le « fil » des grandes agences (Agence France Presse, Reuter, Associated Press...) que l'événement pénètre dans les salles de rédaction, y suscite le branle-bas de combat. L'agence est un « média de médias », joue pour les entreprises de presse aux rédactions peu étoffées le rôle d'un grossiste dont le flux de dépêches ou d'images (Reuter TV, APTN) permet — après un travail de réécriture plus ou moins soutenu — de remplir les pages du journal ou du magazine [Palmer, 1983]. Ce statut comporte pour l'agencier d'énormes contraintes. Il doit produire vite pour offrir l'événement en primeur. Il est tenu à des impératifs particulièrement forts de fiabilité et de contrôle de l'information, de concision et de densité. Nulle part ne pèsent davantage les impératifs d'une écriture efficace, capable dès les trente mots du *lead* de capter l'essentiel de l'information. Il serait cependant réducteur d'identifier l'agencier à la statue du commandeur d'un journalisme factuel, économe de ses mots. Les agences se sont orientées vers des systèmes d'abonnements à la carte où les médias clients peuvent opter pour la réception de dépêches plus interprétatives, de flux d'information plus copieux sur tel sujet, telle aire géographique. L'agencier devient donc aussi de plus en plus un journaliste subordonné à une forme de sur-mesure dans les commandes de ses collègues clients. Un correspondant de Reuter fut ainsi contraint de produire trente-huit dépêches distinctes lors d'une journée de siège de Sarajevo pour répondre aux demandes des abonnés, au détriment de sa disponibilité à collecter l'information. Avec ses collègues des chaînes d'information permanentes, l'agencier a aussi pour singularité d'être le personnage clé d'une géopolitique de l'information où se joue la présence de cultures et de regards nationaux sur un marché désormais mondialisé [Tunstall, 1977].

Faut-il ajouter une sixième galaxie, celle du journalisme Web ? Elle représentait déjà 5 % des titulaires de carte de presse en 2012, probablement 7 % en 2016 si on intègre les services Web des quotidiens papier, et ne peut que se développer entre processus de digitalisation [Boczkowski, 2004] des rédactions vers le site Web du titre et montée des *pure players* n'opérant qu'en ligne. Après avoir été le lieu, peu valorisé, d'une forme de bizutage des nouveaux et jeunes arrivants dans le journalisme, le journalisme Web s'est vu revalorisé (aussi parce que 24 % de la publicité dans les médias passe en 2014 par Internet !). Il s'inscrit dans une triple dynamique. Il se normalise au sens où il est considéré comme une pratique du journalisme normale et nullement mineure, mais qui demande éventuellement une intensification de qualités de réactivité, de concision, de pédagogie qui sont celles du journalisme tout court [Estienne, 2007]. Il est aussi un espace d'intégration dans les savoir-faire professionnels de compétences inédites en matière de mobilisation des audiences, d'intégration de leurs contributions. Il est enfin une scène de polarisation puisque les pratiques journalistiques sur le Web condensent et exacerbent la diversité des dynamiques qui fracturent la profession. On y observe d'une part une logique de la vitesse et de l'immédiateté, où dégainer le premier est l'impératif, quitte à ne forcer ni sur les vérifications ni sur la contextualisation, où l'information est une denrée plus périssable que jamais, ne restant que quelques heures dans un rang qui rende sa lecture probable. Mais le Web est d'autre part le lieu par excellence de déploiement de toutes les innovations contemporaines des pratiques, avec des registres de journalisme narratif sur des formats longs, des tissages d'images et d'analyses fouillées, des espaces de débat, y compris sur la pratique journalistique.

Le champ journalistique

Une exploration de la pratique journalistique est-elle condamnée au catalogage de la diversité des situations que recouvre la possession d'une carte professionnelle ? Le recours à la notion de champ peut être l'outil d'une pensée doublement relationnelle. Il invite à penser l'espace du journalisme comme un univers structuré par des oppositions à la fois objectives et subjectives, à percevoir chaque titre et chaque journaliste dans le réseau des stratégies, des solidarités et des luttes qui le lient à d'autres membres du champ. Il appelle à penser le champ journalistique dans sa relation à d'autres espaces sociaux. Quelle est son autonomie ou, à l'inverse, sa dépendance à l'égard des champs économique, politique, intellectuel ? Objet d'un intérêt croissant, qui déborde les limites de la France et les logiques d'école [Benson et Neveu, 2004], la problématique du champ appliquée au journalisme aide à dépasser beaucoup d'oppositions figées ou de fausses alternatives. Comme l'illustrent les livres d'Accardo, l'attention aux structures n'exclut en effet en rien une vision compréhensive des pratiques et croyances des journalistes, de leurs stratégies personnelles. La mise en évidence de contraintes institutionnalisées n'interdit pas de penser le changement que stimulent les évolutions des rapports entre champs, les altérations de leur morphologie, les décalages entre les dispositions des professionnels et leurs postes et missions [*Actes de la recherche en sciences sociales*, 1994 ; 2000]. L'exploration d'un micro-univers professionnel, comme celui des journalistes médicaux [Marchetti, 1998], n'est pas condamnée à l'exotisme ethnographique puisque ce microcosme peut être réinséré dans une vision globale de l'espace professionnel qu'elle peut en retour éclairer tout entier.

Cartographier le champ

Passer aux travaux pratiques confronte à une série de difficultés. Il s'agit d'abord d'articuler des niveaux d'analyse. Comment combiner nos données globales sur la population des titulaires de la carte, des monographies sur des rédactions et entreprises, des analyses de spécialisations comme celle de Sandrine Levêque [2000] sur les journalistes sociaux ? Malgré un fort développement depuis le début des années 1990, ces divers travaux sont encore loin de constituer un stock de données énorme. Leur orientation, souvent qualitative, se paie d'un déficit de données statistiques fines. Rares sont les études comme celle de Julien Duval [2004] sur le journalisme économique qui prennent appui sur un travail approfondi de traitement de données chiffrées. Ajoutons enfin qu'un recours intelligent à des données statistiques suppose à la fois de multiplier les indicateurs utilisés et de prendre en compte la variation possible des significations d'une donnée en apparence cohérente. Peut-on comparer la place du sport en 1970 dans *France-Soir* et *Le Monde* quand la rubrique du premier couvre tout l'éventail des sports alors que le second les aborde sélectivement, faisant une place inhabituelle à la tauromachie ? Un pourcentage identique de recettes publicitaires affecte encore différemment le travail d'une rédaction selon qu'il suppose un activisme de l'audimat dans un secteur concurrentiel, ou que les annonceurs soient en quelque sorte obligés de recourir au titre (les producteurs de gibecières peuvent difficilement ignorer *Le Chasseur français*). Bref, les repères esquissés ici se donnent comme un fond de carte, à réviser au fil de recherches qui demeurent largement à faire.

Le champ journalistique partage des caractéristiques avec les champs de production culturelle. Trois éléments de structuration ressortent alors. Le premier repose sur l'opposition entre des titres « établis » et des *outsiders*. Les premiers, dont *Le Monde* ou l'Américain *Science* seraient des illustrations, peuvent mobiliser tout un héritage de ressources lié à la durée : image, réseaux organisés de liens avec sources et experts, prestige accumulé par des prises de position, des scoops inscrits dans une mémoire sociale. Les seconds sont condamnés à construire *ex nihilo* une image, poussés par là aux stratégies à risques des prétendant pressés qu'illustraient à la fin des années 1980 les « unes » de *L'Événement du jeudi* dédiées aux « cons », « salauds » et autres espèces nuisibles, plus récemment les surenchères de clichés volés par les paparazzis dans la guerre des magazines *people*. Faut-il dire que le défi posé aux *outsiders* est d'autant plus difficile que l'espace éditorial concerné est verrouillé ? Il est plus difficile de lancer un quotidien ou un hebdo d'information qu'un magazine de mode ou un hebdomadaire de ville.

Un deuxième principe d'opposition, transversal et interne aux rédactions, renvoie au poids de légitimité lié aux services. Certaines spécialisations (le service politique, l'économie et la finance de façon croissante) disposent d'un statut de rubriques nobles par opposition à des spécialités moins légitimes (faits divers, sports). La réalité de cette hiérarchie s'observe sur de multiples critères : attraction exercée sur les diplômés des écoles de journalisme, possibilité pour les journalistes du service d'accéder aux postes de direction. Elle

Du bon usage des champs

La notion de champ appartient à la boîte à outils sociologiques élaborée par Pierre Bourdieu [1992] qui l'a utilisée dans ses travaux sur le journalisme [1996 ; voir aussi Champagne, 1990]. Elle désigne un espace social relativement autonome, structuré par des jeux de rivalités dont la limite est une commune adhésion des participants à des enjeux et des valeurs. Tel éditorialiste matinal d'Europe 1, les présentateurs des JT de TF1 et le directeur de la rédaction du *Monde* s'opposent ainsi tant dans leurs orientations rédactionnelles que dans leurs prises de position publiques sur des conceptions divergentes du journalisme. Ils peuvent simultanément participer d'un consensus minimal (immersion passionnée dans l'« actu », revendication d'une activité au service du public) ou se sentir assez de solidarités corporatives pour qu'Edwy Plenel alors au *Monde* vienne publiquement déplorer dans *Le Monde diplomatique* (février 1998) la teneur d'un livre de Serge Halimi [1997] qui cible pourtant ses concurrents et adversaires au sein du champ. Les champs sont — très inégalement — institutionnalisés par des cadres juridiques (on peut penser pour le journalisme à la loi de 1881, à la commission de la carte, au Conseil supérieur de l'audiovisuel) et des règles pragmatiques. Ce terme désigne des conventions pratiques de comportement entre acteurs, comme les règles d'anonymat ou le tri des photos que se fixent certaines rédactions en matière d'information sur les faits divers, ou le jeu du *off* [Legavre, 1992] qui consiste pour une source à donner une information que le journaliste ne doit pas immédiatement divulguer.

Le concept de champ n'a toutefois d'utilité que combiné à un ensemble d'autres notions développées par Bourdieu. Il s'agit de la notion de capitaux, désignant les ressources (économiques, symboliques...) dont disposent les protagonistes d'un champ. Il peut s'agir pour un journaliste du diplôme d'une école, d'un carnet d'adresses exceptionnel, de l'autorité acquise dans le dévoilement d'une « affaire ». On sollicitera ensuite la notion d'*habitus* comme système de dispositions, matrice de schèmes de jugements et de comportements, qui est à la fois le fruit d'une socialisation — et à ce titre susceptible d'évoluer — et un principe organisateur des pratiques et des attitudes. Pour en donner un exemple simple, l'intériorisation du style d'écriture propre à un titre peut ainsi faire l'objet d'un lent processus d'apprentissage, dont Jean Padioleau [1985] donne un exemple à partir du rituel de rédaction du défunt « Bulletin de l'étranger » qui se trouvait à la « une » du *Monde*. Les nouveaux venus étaient invités à s'y exercer, jusqu'à ce que l'acquisition du style *Monde* permette de publier leur contribution et d'attester une socialisation réussie à l'esprit de la tribu. Une troisième notion est celle d'*illusio* qui renvoie à l'idée d'un investissement, tout à la fois psychique, intellectuel et professionnel, dans les jeux et enjeux propres à un champ.

Illusio, *habitus* et capitaux ne prennent eux-mêmes sens que pensés relationnellement en fonction de leur (in)adéquation aux caractéristiques du poste occupé dans un champ, ou de leur potentiel de subversion efficace de ses règles. Ainsi un *habitus* littéraire peut être apprécié lorsqu'il est détenu par un éditorialiste de presse écrite, il devient un handicap chez l'agencier. Une *illusio* qui se cristallise dans la vision du journaliste comme celui qui, selon le mot d'Albert Londres, porte « la plume dans la plaie » fera merveille dans le journalisme d'investigation. Elle risque de conduire à de sérieux ennuis le localier d'un chef-lieu de canton.

s'exprime dans les processus de « remontée » qui permettent aux services nobles de s'approprier n'importe quel sujet lorsqu'il vient à faire les « unes ». S'il fait l'objet du vote d'une loi ou d'un mouvement social, le chômage, habituellement traité en « social » ou en « économie », tombera ainsi sous la juridiction du service politique et des éditorialistes.

Un troisième paramètre de hiérarchisation réfracte enfin la sociologie des lectorats. Tendanciellement, le prestige social d'un type de titre et de journalisme est fonction du profil social de ses consommateurs, d'autant plus grand que ceux-ci se recrutent chez les détenteurs de capital économique et culturel. Ce classement implicite ressort de données telles que la hiérarchisation des titres cités dans les revues de presse matinales, la fréquence des « reprises » par d'autres médias, mais aussi la sélection des objets par les chercheurs, plus zélés à étudier le journalisme politique et la presse parisienne que la PQR ou les journalistes sportifs.

Ces principes de hiérarchisation demandent à être pensés relationnellement. Appliqués mécaniquement, ils conduisent à des généralisations du type « média ancien + lectorat dans les CSP supérieures + rubrique noble = journalisme dominant », et inversement. Une sociologie aussi simplette se heurte vite à de nombreux faits têtus qui en manifestent les limites. L'une des clés d'un usage dynamique des classifications consiste à considérer que tout journaliste est établi dans une structure gigogne entreprise-rédaction-rubrique. La hiérarchie des rubriques varie en fonction des contextes sociaux et des titres. Journalistes « fait-diversiers » et financiers occupent des positions inversées dans les hiérarchies du *Sun* et du *Financial Times*.

Tunstall [1971] apporte une distinction précieuse en invitant à penser la dichotomie entreprise de presse/entreprise de production de l'information comme une variable essentielle de la pratique journalistique. Dans un média où les journalistes, organisés par exemple dans une société des rédacteurs, ont prise sur la ligne rédactionnelle, les impératifs de production de l'information — tels que les traduisent les chartes déontologiques et les mythes professionnels — ont quelques chances de gouverner leur pratique. À l'inverse, là où, comme dans beaucoup de segments de presse magazine, la production d'information est pensée comme une activité économique sans grand particularisme, marketée et normalisée, c'est un autre journalisme qui se développe. Le fait invite aussi à poser les limites d'une analogie entre journalisme et production culturelle (littérature, art).

Champ journalistique, champ économique, pouvoirs sociaux

L'accent mis par Tunstall sur la structure double dans laquelle se développe le travail journalistique rejoint les questions suggérées par une problématique des champs. Au-delà de hiérarchies, il faut identifier de grands clivages qui opposent à la fois des entreprises de presse et des manières d'y pratiquer le journalisme.

Le dernier chapitre de ce livre évoquera un possible glissement vers un « journalisme de marché », qu'on se contente ici de construire comme un idéal-type permettant d'esquisser la carte du champ. Le cadre d'analyse prend acte d'un mouvement contradictoire. Le champ journalistique a historiquement conquis dans les pays de démocratie représentative une autonomie, exprimée par des normes professionnelles, garantie (inégalement) par des dispositifs juridiques destinés à protéger le journalisme tant des atteintes à sa liberté par le pouvoir politique que d'une subordination sans limites à des employeurs tout-puissants (clause de conscience, lois anticoncentration). Ces cadres objectifs ont à la fois traduit et stimulé des croyances en les fonctions civiques du journalisme qui, pour être parfois illusoires, étaient aussi l'énergie motrice (*illusio*) qui poussait le correspondant de guerre à risquer sa vie, motivait le journaliste d'investigation. Les logiques du champ économique viennent aujourd'hui sensiblement remettre en cause tant cette autonomie que ces modèles professionnels du champ journalistique. Chercher à dessiner une carte, c'est se demander comment travaille ce front entre autonomie de champs de production culturelle et expansion des logiques du champ économique, que l'on observe dans d'autres univers comme l'édition [Bourdieu, 1999].

Un premier axe d'opposition peut être recherché dans le poids des logiques commerciales, saisies par le degré de subordination de l'« entreprise de production de l'information » à l'« entreprise de presse ». Il peut s'objectiver par une série d'indicateurs. Le premier [Tunstall, 1971] tient au poids accordé aux informations à visée d'audience (faits divers, sports) et informations attrape-publicité (comme ces suppléments consacrés aux cadeaux de Noël que les journalistes nomment « pièges à pub ») au détriment des rubriques « non rentables » qui n'attirent ni annonceurs ni public massif (qui se souvient que, jusqu'aux années 1990, *Le Monde* publiait *in extenso* les discours de réception à l'Académie française ?). Une orientation rédactionnelle « commerciale » implique aussi anticipation et mimétisme sur les verdicts de marché et les modes au sein de chaque rubrique. Le dernier *Star Wars* vaut alors plus qu'une rétrospective Tarkovsky ; un reportage croustillant sur une « mafia » géorgienne

Dépendance et distanciation aux sources dans la presse magazine

Étudiant la presse magazine consacrée à l'aménagement des maisons, Madeleine Akrich [1992] met en évidence, à partir de revues s'adressant aux bricoleurs (*Système D* et *Pratique*), un modèle de journaliste « intermédiaire » des entreprises. Le journaliste agit alors comme le relais du discours promotionnel des firmes d'équipement pour la maison. Il reprend sans distanciation critique les informations des modes d'emploi et documents des fournisseurs, leur vision des attentes des usagers. Souvent eux-mêmes grands bricoleurs, ces journalistes (massivement pigistes : *Système D* repose alors sur une rédaction permanente de deux personnes) se posent à l'égard de leurs lecteurs dans une position d'experts et de prescripteurs homologue de celle des fournisseurs et vendeurs. La frontière entre journalisme et communication d'entreprise est ici floue, comme l'atteste le poids du publirédactionnel, le rôle de relais entre lecteurs intéressés et entreprises pratiquant des mailings. Tourné vers l'offre économique dont il se fait l'intermédiaire et le haut-parleur, ce journalisme construit sa relation au lectorat comme une fonction de vitrine du marché.

L'analyse de *Maison et Travaux* et *Maison, Bricolages* suggère un autre registre du journalisme de bricolage. Celui-ci prend — jusque dans la mise en page nettement distincte du gros des publicités — sa distance au discours des firmes. La posture journalistique se distancie cette fois du pôle de l'offre, valorise un rôle de « traducteur » et « décodeur » qui place le journaliste en position de proche ou d'ami aux côtés de ses lecteurs. L'existence d'une vraie rédaction (six journalistes permanents, un « bricoleur professionnel » et deux photographes à *Maison et Travaux*) permet la prise de distance à l'égard du discours des fabricants : les notices sont décortiquées dans une banque de données, critiquées ; la rhétorique journalistique s'emploie à aider le lecteur à clarifier ses besoins, à décoder les notices, à saisir les limites des produits offerts. Elle contribue aussi à susciter par divers dispositifs (courrier, téléphone, émission sur une radio) une intervention des consommateurs où leurs attentes s'expriment sous une forme autre que celles que leur prêtent les fournisseurs. « Nous sommes des journalistes et non des techniciens. Notre méthode de travail ne s'arrête pas à la transmission de l'information » (rédacteur en chef, *Maison et Travaux*).

vaut plus en audimat qu'une investigation précise sur le délabrement de l'État russe. La recherche d'une marge bénéficiaire maximale (explicitement revendiquée dans les grands groupes multimédia [Klinenberg, 2000]), le poids des recettes publicitaires peuvent constituer d'autres indicateurs de la contrainte d'audience et de rendement. 100 % des recettes des « gratuits » viennent de la publicité, 60 % à *Marie-Claire*, 12 % à France Télévisions.

À ce journalisme de marché s'opposent structurellement des titres et des pratiques qui cherchent à préserver l'autonomie de la logique d'information : valorisation de rubriques moins vendeuses mais capables d'éclairer les évolutions sociales, affirmation d'une visée critique, institution de dispositifs visant à limiter le poids du champ économique. *Alternatives économiques* restreint à 10 % le poids des recettes publicitaires, qui est de 0 % au *Canard enchaîné*. À ce pôle « intellectuel » du champ journalistique, la reconnaissance par les pairs journalistes constitue également tant un élément d'identité professionnelle qu'un capital collectivement détenu et valorisé par les rédactions.

S'il recoupe partiellement le précédent — parce que le poids de la publicité en est encore un marqueur —, un axe de distance aux sources peut constituer un deuxième principe d'opposition au sein du champ journalistique. Il confronte une pratique du journalisme qui se construit sur des dispositifs destinés à préserver l'autonomie de production de l'information face à tous les pouvoirs sociaux à des pratiques dont le résultat est inversement une perméabilité des rédactions aux discours d'institution. Une distance aux sources suppose des investissements contraires à la visée de maximisation du profit : équipes rédactionnelles étoffées et stables, services de documentation autonomes, budgets d'enquête. Elle requiert un réseau complexe de connexions à des informateurs d'horizons différents, seul moyen de conjurer la publication inconsciente, imprudente ou résignée de papiers que l'efficacité des sources institutionnelles transforme en publi-rédactionnel.

Conflit de légitimité

Les tensions du champ journalistique s'expriment aussi en visions conflictuelles de l'excellence professionnelle. Au modèle d'un journalisme attaché à des valeurs d'objectivité, de rigueur déontologique, de distanciation critique et d'analyse s'opposent désormais d'autres références. On peut songer au paradoxe que constitue l'inexistence de figures emblématiques du journaliste contemporain émergeant d'une presse magazine en plein essor, pour lier ce constat d'un journalisme désincarné au poids des recettes marketing. C'est davantage *via* la télévision et ses vedettes que s'affirme un modèle de légitimité alternatif. Il invoque volontiers les valeurs de l'ancien modèle, mais y superpose de nouvelles formes d'excellence. Le grand professionnel s'y mesure à sa capacité à faire de l'audience, à travailler en direct, à exprimer l'actualité dans le langage de l'émotionnel, voire du sensationnel. Sauf à tenir la confidentialité pour gage de profondeur et de vertu, cette consécration par l'audience n'est pas en soi scandaleuse. Elle invite au débat lorsque la capacité à anticiper sur les verdicts du marché et à voler au secours de succès programmés devient la qualité journalistique première, ou lorsque, selon une imposture désormais routinisée, l'audimat est présenté comme l'équivalent fonctionnel du suffrage universel [Champagne et Marchetti, 1994].

III / Journalistes au travail

Loin d'enliser dans l'anecdotique, l'attention aux interactions ordinaires des salles de rédaction ou au rapport aux sources constitue l'un des moyens les plus féconds de comprendre les réalités du travail journalistique. La bibliographie finale suggère (signe ✐) quelques textes particulièrement propices à saisir le journalisme en train de se faire, comme le livre de Laurence Lacour [1998] sur son expérience de reporter sur l'affaire dite du « petit Gregory », plus récemment celui de Philippe Ridet [2008] sur les tensions d'un journaliste politique suivant le candidat Sarkozy. L'exploration proposée ici s'organise en trois grands moments. Elle part d'une évocation des interactions au sein d'une rédaction, se fixe ensuite sur l'apparent paradoxe du journalisme comme métier de routines avant d'aborder les relations avec les sources d'information.

Cadres et contraintes organisationnelles

Une part des fausses perceptions du travail journalistique tient à une approche individualiste qui identifie le journaliste à une profession libérale de l'information. Mieux vaut mobiliser les problématiques nées de la sociologie du travail et des organisations. L'enjeu de ce déplacement du regard n'est pas de nier les compétences spécifiques de chaque professionnel, ni d'en faire le rouage passif d'une machinerie de l'information. Mais le savoir-faire de tout journaliste se déploie et se construit dans les contraintes d'une structure d'interdépendances avec sa hiérarchie, ses collègues, ses sources qu'aucun gargarisme sur la liberté de l'acteur ne peut magiquement dissiper [Lemieux, 2000].

La machinerie rédactionnelle

Comme maintes autres activités sociales, le journalisme illustre les problématiques wébériennes de la rationalisation bureaucratique. La production quotidienne ou hebdomadaire d'un titre ou d'un bulletin d'information requiert, pour faire de contributions émanant de services et de professionnels très divers un tout cohérent et organisé, une coordination d'autant plus élevée que l'activité journalistique est aussi définie par un rapport tendu au temps qui interdit les délibérations prolongées. L'ossature de ce fort encadrement se matérialise dans une hiérarchie organisationnelle et la rigidité de séquences temporelles.

La lecture d'un « ours » (organigramme qui figure dans toute livraison d'un titre imprimé) fait apparaître la structuration hiérarchique d'une rédaction. Celui du *Monde* mentionne une directrice des rédactions, des rédacteurs en chef, des chefs de service (International, Culture...), un secrétaire de rédaction, un médiateur. Les intitulés des fonctions peuvent varier, mais les principes de structuration sont assez constants. Quelques postes permettent de prendre la mesure du fonctionnement d'une rédaction. Le rédacteur en chef exerce une direction que l'on peut qualifier de politique, au sens où il définit (sous le contrôle des actionnaires, d'un directoire ou d'une société de rédacteurs) la ligne éditoriale du titre. Elle peut résider dans un positionnement politique au sens large, dans le choix du type d'information et de traitement de celle-ci que le titre privilégie. Elle se traduit dans chaque édition par de multiples choix : faut-il faire la « une » sur la guerre en Syrie ? Le risque est-il de se répéter ou de passer à côté d'un enjeu majeur ? Faut-il suggérer une prise de parti ? Faut-il valoriser une lecture en termes de géopolitique du Moyen-Orient, plutôt rendre compte des moyens militaires des forces en présence ou angler sur la détresse et la colère des populations piégées dans une boucherie qui s'éternise ?

Deuxième personnage clé, le secrétaire de rédaction est avant tout le gestionnaire des contraintes qui découlent des orientations rédactionnelles et des arbitrages qui naissent du flux de l'actualité. À son service de traduire les choix réalisés en conférence de rédaction. Son travail, ingrat et essentiel, consiste à gérer la répartition de l'espace rédactionnel, à suivre le retour des articles dans les délais, à contrôler leur calibrage et leur qualité, à faire face aux imprévus en décidant du report d'un papier devant la surcharge de l'actualité ou, à l'inverse, en remplissant un blanc par la publication d'un texte en souffrance.

Les procédures de choix des priorités et d'attribution des espaces font intervenir un troisième type de protagonistes : les chefs de service. Responsables d'une rubrique spécialisée, ils dirigent un groupe de journalistes et viennent faire état, lors des conférences de rédaction, des propositions de leur équipe : nombre de papiers, besoin d'espace, nouvelles pouvant justifier la « une ». Dans certains cas, un quatrième personnage peut jouer un rôle clé, lorsqu'un « patron de presse » entend non seulement être le responsable de l'entreprise au sens d'unité économique, mais aussi exercer une influence effective sur les contenus rédactionnels (Jimmy Goldsmith lors de son passage à *L'Express*). Les rapports de force, voire de conflit, entre composantes de la rédaction, les frontières entre les rôles évoqués ici varient d'un titre à l'autre (secrétariat de rédaction plutôt « technique » ou doté de plus d'influence sur la ligne rédactionnelle). Ils font naître des relations de travail dont les témoignages des journalistes illustrent bien la grande diversité [Lancelin, 2017].

Une façon moins abstraite de percevoir la machinerie organisationnelle d'une rédaction est de la saisir à travers un cycle temporel. Celui-ci s'ouvre, pour un quotidien du matin, en début de journée par la comparaison de l'édition de la veille avec celles de la concurrence, par le suivi des événements *via* la consultation des autres médias, l'examen des faits du jour à couvrir qui auront été présélectionnés à partir des envois des attachés de presse. Les discussions au sein des services et entre chefs de service permettent à l'issue d'une première conférence de rédaction tenue en fin de matinée d'élaborer un « chemin de fer » (prévision de remplissage des pages), de lancer les reporters sur le terrain, de leur suggérer des angles de couverture. Le travail de Nicolas Hubé [2008] sur la fabrication des « unes » restitue de façon éclairante les processus d'anticipation et de compétition pour l'espace rédactionnel qui se jouent dans ces conférences de rédaction, rituel et moment stratégique du cycle quotidien. À partir de ce moment, articles et reportages préparés par les journalistes remontent selon un emploi du temps très contraignant vers les tours de contrôle successives que sont les chefs de rubrique et le secrétaire de rédaction qui veillent au respect des horaires et des formats, improvisent les changements que suggère un événement imprévu. Les navettes qui fonctionnent permettent aussi de sélectionner les photos, de mettre au point les titres. Le développement des systèmes informatiques intégrés offre au secrétaire de rédaction un suivi à la fois panoptique et plus instantané du travail des composantes de la rédaction dont les textes et la mise en page parviennent sur son poste de travail dès la fin de leur rédaction.

Une seconde conférence de rédaction en fin d'après-midi aboutit aux arbitrages définitifs, à la composition de la « une » et au bouclage

Emplois du temps et tâches

Dans une chaîne de télévision locale des Midlands [Cottle, 1993]

Le rédacteur adjoint arrive à sept heures et lit l'agenda, bourré de coupures de presse, de communiqués d'attachés de presse, de la liste des événements à couvrir et des messages laissés par l'équipe du soir. Il consulte le système informatique qui enregistre les dépêches d'agence et le menu des événements programmé par la rédaction. Il téléphone à la police et aux pompiers. À sept heures trente, le rédacteur en chef arrive et consulte télévision, radio, revues de presse, dépêches d'agence. La rédaction se remplit, dans le bruit de fond des téléviseurs qui diffusent divers programmes d'information, les journalistes fignolent le bulletin d'information du matin, cadré la veille. Le début de matinée est particulièrement agité : dépouillement de la presse, suivi des informations audiovisuelles, bruit des imprimantes qui sortent les thèmes de reportage et de papiers programmés par le système informatique, conversations entre journalistes. La conférence de rédaction du matin permet de répartir les reportages et papiers

à préparer, le rédacteur en donne l'angle en quelques phrases. Dans la salle de rédaction, la journée se déroule dans la fièvre : les chefs de rubrique rédigent leurs papiers et confrontent leurs priorités, le flux du courrier et des communiqués est dépouillé — le plus gros allant à la poubelle. Le secrétaire de rédaction suit le retour des textes. Les reporters qui rentrent rédigent leurs papiers directement sur le système informatique. Le présentateur prépare son journal du soir. La ruche rédactionnelle atteint son pic d'activité vers seize heures quand se bouclent le journal de fin d'après-midi et la maquette de celui du matin.

Un rédacteur en chef de quotidien londonien [Tunstall, 1996]

Dès sept heures, il écoute les information sur la BBC et feuillette les quotidiens du matin. À huit heures, il questionne de son domicile certains chefs de rubrique sur leurs projets pour l'édition du jour. Il arrive au bureau à dix heures et passe la matinée à discuter avec les chefs de rubrique sur la composition de leurs pages, le bilan du numéro sorti le matin. En fin de matinée, la conférence de

de la mise en page. Si le travail journalistique *stricto sensu* s'arrête à cet instant, il faut cependant signaler que les contraintes temporelles qui pèsent sur la rédaction sont inséparables d'un aval de la production de l'information : horaires de tirage à l'imprimerie, expédition des exemplaires par messageries ou camions de l'entreprise, remise des exemplaires dès cinq heures du matin pour la diffusion aux abonnés effectuée par « portage » dans les boîtes aux lettres.

Rouages et clivages

Dans une étude très fine du travail des reporters d'image à la télévision, Jacques Siracusa [2001] met en garde contre le simplisme rédaction arbitre entre les demandes des rubriques et esquisse une maquette. Le début d'après-midi lui permet de décanter le contenu des pages d'information « dure » en circulant dans les services concernés. Il choisit également parmi l'offre des caricaturistes les dessins qui seront publiés. À six heures, la seconde conférence de rédaction fixe le contenu définitif de l'édition. En fin d'après-midi, il travaille sur la « une » avec ses assistants, relit les épreuves, vérifie les titres. Si l'actualité est chaude, il peut rester là jusqu'à neuf heures.

Au *New York Times* [Usher, 2014]

Graham et Andrew sont journalistes financiers. Graham commence la matinée en analysant une série d'indices boursiers et de données nouvelles sur les bonus des *traders*. Il fait un saut au point de presse de Goldman Sachs. Il esquisse une chronique par un bref texte mis en ligne, suit en parallèle ce que fait la concurrence (*Wall Street Journal*). Il fait mettre en ligne des commentaires à son premier billet (ce qui le rafraîchit et lui permet de rester visible). Il lit de la documentation, passe des coups de fil pour une version plus longue de son papier destinée au journal imprimé. Il étoffe à 14 heures la version en ligne. Sa cheffe de rubrique lui demande d'enregistrer une vidéo pour le site. Il échange au téléphone avec l'épouse d'un *trader*, à propos des bonus. À 16 h 30, il boucle une première version du papier. Coupés-collés, réécritures entre textes mis en ligne et synthèse pour le journal papier : la cinquième version sera la bonne. Andrew, lui, suit plusieurs histoires à la fois. Il prépare un papier sur la manière dont les décisions des grandes banques impactent les clients ordinaires. Il travaille aussi sur un article relatif au contrôle des banques, sur un autre concernant les fraudes à la carte de crédit. Ce dernier point lui demande un gros travail d'enquête (Web, banques de données dont il condense les apports sur des feuilles Excel, coups de fil) pour comprendre pourquoi les cartes européennes sont plus sûres. On l'alerte sur un thème intéressant : une *start-up* propose un outil de paiement par téléphone sans trouver de clients pour le commercialiser. Si Andrew, produisant une information consumériste, est moins sous l'urgence d'un délai de bouclage que Graham, il partage le stress du multitâches et du multisupports.

consistant à percevoir un reportage comme une sorte de prélèvement de réalité, issu des seuls choix de l'équipe qui l'a tourné. C'est oublier la chaîne de production où le reportage est formaté par la commande de la rédaction, les ressources disponibles aux services de documentation et d'archives, la disponibilité et la télégénie des sources possibles. C'est omettre que les images les plus « vraies » sont parfois les plus artificielles, comme lorsqu'un maître-verrier est invité à feindre de travailler dans une posture techniquement impossible, mais où son vitrail capte la lumière. C'est oublier encore que ceux qui accèdent à la matière première du reportage ne contrôlent que partiellement son interprétation (montage, sons ajoutés, commentaires). Au couple du journalisme et de son « œuvre », il faut substituer l'action d'un complexe de « petites machines » (métiers, dispositifs techniques, normes professionnelles, hiérarchies), souvent invisibles au public.

Cette division du travail renvoie à des spécialisations thématiques et fonctionnelles. Une première différence oppose ceux que Tunstall [1971] nomme *processors* et *gatherers*, qu'on rendrait en français par le clivage entre un journalisme assis et un journalisme debout. Les *gatherers* ont pour première fonction la collecte de l'information, la fréquentation du terrain d'où ils ramènent la matière première de l'information. Cette fonction ne les exclut en rien d'un travail strictement rédactionnel. Journalistes assis, les *processors* — concentrés autour du secrétariat de rédaction — vont vérifier, calibrer, normaliser des textes qui ne sont pas le fruit de leurs propres reportages. L'opposition ainsi théorisée peut aussi être pensée comme habitant chaque journaliste, certains plus orientés vers la collecte, d'autres vers la mise en forme et l'adaptation au public, d'autres encore (grands reporters) parvenant à limiter les interventions sur les papiers qu'ils fournissent. Un quart de siècle après avoir formalisé ces deux pôles, Tunstall [1996] soulignera l'érosion de leur opposition. Les *gatherers* intègrent une part du travail des *processors* quand un logiciel les empêche de rédiger un texte plus long que la place accordée, les *processors* peuvent court-circuiter des *gatherers* en produisant des textes par ponction et recyclage dans le flot des dossiers de presse fournis par des sources habiles à anticiper sur les formats et le sous-encadrement des rédactions. Dans un monde journalistique de plus en plus assis s'expérimente aussi une autre division du travail, celle qui exige de se démultiplier en permanence pour alimenter le site Web, y poster une petite vidéo où l'on développe une explication, sans oublier de fournir son papier pour le journal imprimé, de réactualiser le site qui ne saurait rester une heure sans contribution fraîche...

Étudier le partage des tâches dans une entreprise de presse conduit à observer qu'elle ne se compose pas que de journalistes. Ainsi du service financièrement stratégique qu'est la régie publicitaire. La surface rédactionnelle disponible fait l'objet d'arbitrages entre service de publicité et rédaction, au point que telle rubrique peut se voir réduite pour passer une pub rentable. Le service juridique peut aussi avoir son mot à dire s'il estime que tel article va ouvrir un droit de réponse, un risque de procès pour diffamation ou atteinte à la vie privée [Derieux et Granchet, 2010]. Les services non rédactionnels d'un titre sont aussi ceux consacrés aux études d'audience et au marketing. La connaissance des pratiques de lecture produit des effets palpables sur la maquette de publications dont le poids des rubriques, le style visuel se trouvent formatés en fonction d'analyses des comportements des lecteurs et audiences.

Le rubricage

L'existence de rubriques, avec leurs spécialistes dédiés à un type d'information, constitue un dernier élément essentiel de la division du travail entre journalistes. La spécialisation est née avec la professionnalisation du journalisme [Ferenczi, 1993]. Elle n'a cessé de se développer [*Réseaux*, 2002]. Aux spécialisations traditionnelles (journaliste parlementaire, social, sportif, judiciaire) sont venues s'ajouter depuis les années 1970 de nouvelles rubriques et leurs spécialistes : santé, éducation, vie pratique, communication, tandis que d'autres (comme l'économie) se démultipliaient en sous-spécialités. Ce processus doit à des raisons multiples : montée des qualifications scolaires, technicisation des dossiers, reconversion dans le journalisme de rapports militants ou passionnés à des enjeux (écologie, informatique). Si « un journal, c'est un gaufrier » (Mauriac), une machine à solidifier l'événement dans un moule interprétatif, on ne saurait trop réfléchir aux effets du rubricage.

Il fonctionne d'abord comme un outil de perception et de découpage de la réalité. Il le fait par les partages de compétence qu'il consacre. Le succès des « Bleus » lors de la coupe du monde de football de 2018 n'est pas couvert à l'identique selon qu'il est traité par un service sports ou société. Le tsunami de décembre 2004 n'engendre pas les mêmes articles selon qu'il échoit d'abord au chroniqueur scientifique, au correspondant à Bangkok ou au rubricard « tourisme ». Le rubricage est un filtre, en fonction des définitions que les journalistes ont de « leurs » objets. Comme le souligne Cook [1998], il faut saisir simultanément ce qu'une rubrique organisée valorise et ce qu'elle empêche de voir. Le tropisme des journalistes politiques vers les institutions représentatives, les partis, les enjeux électoraux n'est pas pour rien dans la sous-couverture durable des mouvements sociaux ou l'attention modeste consacrée à l'élaboration et aux impacts concrets de nombreuses politiques publiques [Bennett, 1996].

Le renforcement des journalismes spécialisés porte le risque de multiplier au sein des rédactions des féodalités rivales, jalouses de leur territoire. La propension des services spécialisés à assurer, comme toute institution, leur pérennité pose encore problème lorsque des changements sociaux les mettent en décalage sur leur objet. *Ouest-France* a ainsi dû repenser le rôle de son service agricole, devenu surdimensionné par rapport au poids des paysans dans son lectorat. Une intégration dans un service économie-société permet aux journalistes agricoles d'intervenir sur une palette élargie de questions (sécurité alimentaire, etc.). Le décloisonnement des services autour

Structures rédactionnelles et styles journalistiques

Une étude de Frank Esser [1998] sur le fonctionnement des quotidiens régionaux allemands et anglais fait ressortir les effets de l'organisation des rédactions. Les deux mondes rédactionnels s'opposent presque terme à terme. Les rédactions anglaises sont en général concentrées et étoffées, l'organisation même des bureaux — sur le mode du plateau paysagé — suggère une structure fortement unifiée. En Allemagne, la multiplicité des petits journaux aboutit à l'existence de micro-rédactions plus fortement cloisonnées, où l'unité spatiale est le bureau partagé par deux ou trois journalistes.

Côté allemand, l'opposition entre *processors* et *gatherers* a peu de sens. Les journalistes allemands, qui partagent le titre de *Redakteur*, disposent d'une large autonomie. Chacun assume à la fois des tâches de reportage, de rédaction, mais aussi de gestion des plannings, de suivi de la mise en page, au point qu'on peut poser l'équation : un rédacteur = une page du journal. Côté anglais, la spécialisation des tâches est très forte, il ne faut pas moins de cinq à six termes du vocabulaire indigène pour distinguer les strates hiérarchiques (*editor, sub-editor, copy-reader*, etc.). Au fonctionnement centrifuge d'une rédaction allemande s'oppose un système sophistiqué de relectures et réécritures en chaîne qui peut consommer la moitié du temps de travail de la rédaction.

L'opposition des logiques d'organisation conduit à des pratiques du journalisme distinctes. La spécialisation est plus poussée en Angleterre, l'existence de journalistes debout facilite le travail de reportage. Le contrôle rédactionnel sur la cohérence des papiers et leur objectivité se déploie plus facilement. Mais le système, en faisant relire au moins cinq fois chaque texte, est aussi dévoreur de temps et menace de couper du terrain les lecteurs les *sub-editors* condamnés à un travail de « taupe ». La plus grande polyvalence des tâches en Allemagne apporte en général des satisfactions d'indépendance aux journalistes. Elle les rend aussi moins disponibles pour enquêter et stimule un journalisme plus interprétatif, valorisant plus le commentaire, éventuellement l'expression de points de vue personnels, d'autant que la centralisation hiérarchique est plus limitée.

de quelques grands pôles thématiques — que traduit le passage de bureaux distribués le long de couloirs aux plateaux *open-plan* — s'est pratiqué dans la plupart des quotidiens. Le travail d'Eugénie Saïtta [2005] sur *Le Monde* explicite les potentialités contradictoires de ces changements. Le décloisonnement, la rotation des journalistes d'un service à un autre peuvent éviter l'assoupissement dans la routine, les ambiguïtés d'un processus d'apprivoisement mutuel avec des sources devenues trop proches. Combiner les expériences ou hybrider les services peut engendrer des articles plus riches. Mais le décloisonnement peut se prolonger en déspécialisation programmée : une combinaison de rotations organisées et de désenchantement pour la politique permettra d'affaiblir un service politique considéré comme une féodalité à araser. Bien plus souvent, c'est la quête d'un moindre coût salarial qui pousse à demander à des journalistes, souvent pigistes ou stagiaires, de couvrir au débotté les sujets les plus divers. Le revers de cette flexibilité est une perte de compétence, de potentiel critique et de fiabilité : entretiens menés en situation d'infériorité par qui connaît mal le dossier, méconnaissance du milieu couvert, de ses enjeux et acteurs.

La trame des routines

Associer le journalisme aux routines, avec ce qu'elles suggèrent de ronronnant, paraîtra choquant. Le quotidien de beaucoup de journalistes dément pareille association. L'amplitude des horaires de travail est souvent considérable, au point d'être dévastatrice pour la vie familiale. Tourné vers l'événement, le journaliste en est aussi le prisonnier : qu'une prise d'otages ait lieu près de Carcassonne un matin de mars 2018 et il faut aussitôt être sur place, collecter les témoignages, les expédier à la rédaction. L'évolution de la notion même d'information vers la couverture de faits en train de se dérouler que promeut l'audiovisuel, les gains de vitesse que permet l'usage des réseaux informatiques n'ont fait qu'accentuer cette pression. Comme le montre Patrick Rozenblatt [1995], l'urgence constitue un rapport permanent au temps, qu'il s'agisse de faire fonctionner une organisation du traitement des nouvelles rapide et rationalisée, d'anticiper jusque sur les pannes techniques ou humaines, ou de s'adapter à l'irruption de l'imprévisible. « Ce qui fait le charme de ce métier, c'est le côté stressant. Tout le monde regarde l'heure : moi j'ai des pendules dans toutes les pièces de ma maison, on vit tout le temps avec la pendule dans la tête. Personne ne peut s'extraire du rythme imposé par la fabrication du journal. » Les interlocuteurs de Rozenblatt illustrent l'ambivalence de ce rapport à l'urgence qui est inséparablement un facteur de stress et une des satisfactions possibles du métier, jusqu'à en devenir une mythologie (d'autres professions — routiers, médecins urgentistes — vivent un rapport au temps comparable sans en donner des évocations épiques).

Le poids des événements de routine

Harvey Molotch et Marylin Lester [*Réseaux*, 1996] proposent une typologie des événements combinant deux critères. L'un réside dans le caractère intentionnel (communiqué de presse) ou non (accident de centrale nucléaire) du fait générateur de l'information. L'autre porte sur l'identité ou non entre l'auteur et le promoteur de l'information, qui apparaît par exemple dans la différence entre une déclaration de candidature à une élection et la révélation des malversations d'un élu par une chambre régionale des comptes. Cette grille fait donc ressortir quatre types d'événements publics. Les uns pénètrent l'espace public par l'action volontariste de sources : événements de routine comme la conférence de presse où la source promeut « son » information, ou « scandale » au sens d'une information rendue publique par d'autres que ceux qui sont à l'origine du fait divulgué. Deux autres types d'événements pénètrent en quelque sorte par effraction dans l'espace public. L'« accident », comme l'explosion de la navette *Challenger*, est un événement non intentionnel qui est promu dans les médias par d'autres que son auteur. Enfin, l'effet « Serendip » (la notion renvoie à l'idée d'un résultat atteint par chance ou erreur) est un fait qui, comme l'accident, n'est pas prévu, mais devient public du fait de son auteur. On peut penser aux cas où un responsable public profère des propos incongrus croyant que le micro est éteint.

Si le cadre théorique de Molotch et Lester permet de développer une réflexion globale sur la notion d'événement [*Réseaux*, 1996], on s'arrêtera ici sur l'événement de routine. Il suggère un énoncé paradoxal mais éclairant : la majorité des événements rapportés par les journalistes sont des événements de routine prévisibles. Si l'actualité la plus chaude aboutit à ce qu'une couverture importante soit accordée à des faits relevant du type scandale (révélation d'une « affaire ») ou accident (catastrophes, assassinats), l'occurrence la plus fréquente du travail journalistique est bien l'événement de routine prévisible. La vie sociale est constituée d'un écheveau de calendriers qui rendent prévisible le retour cyclique de faits de ce type : cotations quotidiennes en Bourse, compétitions sportives en fin de semaine, Conseil des ministres du mercredi dans le temps court de la semaine, tournois de tennis du grand chelem, rentrée parlementaire, collections de mode sur le cycle de l'année.

Le travail des sources d'information consiste aussi à offrir aux journalistes cette coopération intéressée qu'est l'anticipation : annonce d'une conférence de presse plusieurs semaines à l'avance. Ce maillage de routines s'observe aisément dans une rédaction locale où le chef de rédaction commence la journée par l'ouverture du recueil des annonces parvenues à la rédaction (parfois appelé « bible ») pour dépêcher tel journaliste sur le lieu d'une kermesse paroissiale, puis pour assister au lâcher de truites du club de pêche. La compétence professionnelle des journalistes consiste aussi dans des savoir-faire qui permettent une anticipation au moins partielle jusque sur l'imprévisible. La plupart des rédactions organisent des réunions visant à anticiper sur l'actualité prévisible de la quinzaine, disposent d'une réserve d'articles nécrologiques — nommés « morgues » — qui permettent de réagir sans délai à un décès soudain. L'anticipation consiste aussi dans la tenue à jour par les réseaux de télévision de stock d'images prétextes qui permettent de commenter, sur fond d'images d'embarcations surchargées ou de sauveteurs hissant un enfant à bord, un drame de migrants en Méditerranée.

Le sens de la notion de routine journalistique s'éclaire. Le terme ne vise pas à occulter le rythme, le stress, l'imprévu. Il y apporte deux contrepoints majeurs. L'un est de rendre visible le poids d'une matière première programmable à l'avance dans le flux des événements. L'autre est de souligner que la compétence du journaliste — sans jamais pouvoir « abolir le hasard » — est aussi d'anticiper sur l'imprévu.

Sentir la valeur d'information

Domestiquer l'imprévu à l'aide de routines, c'est encore faire jouer une compétence intuitive et efficace en matière de tri dans le flux d'informations, détecter la valeur d'information (*news-worthiness*) d'une dépêche, d'un propos, d'un fait, sa capacité à devenir événement [*Réseaux*, 1996]. Le réalisme du bon sens suggère que la valeur d'information peut être objective, reposant sur des principes simples tels l'adage sur les trains qui arrivent à l'heure comme non-événement, la loi du « mort-kilomètre » (300 morts à Kampala pèsent moins que 10 à Aurillac), des paramètres comme la singularité d'un événement, sa charge émotionnelle, la portée de ses conséquences. Et pourtant, rien de cela ne donne une « formule » simple de la valeur d'information d'un fait.

Dans une contribution devenue classique, deux chercheurs norvégiens, Johan Galtung et Mari Holmboe Ruge [1965] aident à comprendre à la fois l'existence de tels critères et la grande difficulté à en dégager un outil de prédiction fiable de la *newsworthiness* d'un événement. Leur analyse, centrée sur la rubrique « International », n'identifie pas moins de douze variables qui contribuent à donner à un événement quelques chances d'être promu au statut de « nouvelle ». Comparant la cacophonie des événements à celle des stations sur une bande radio, ils tirent de l'analogie une première série de critères. Pour fixer l'attention, être entendu et écouté, l'événement doit être fort, clair, inattendu, faire sens dans le cadre d'une culture. La probabilité d'attention à l'événement international sera aussi tributaire du fait qu'il affecte une nation considérée comme « importante », des élites sociales, de l'importance de ses conséquences, de la possibilité de lier des personnes aux faits.

Il serait donc inexact de prétendre que l'accès d'un fait aux pages du journal ou à l'écran de télévision est arbitraire ou inexplicable. Mais soulignent-ils, si six des douze critères suffisaient à faire d'un fait une information, ce sont alors 924 combinaisons différentes parmi les critères retenus qui peuvent produire ce résultat.

Le métier du journaliste consiste donc à se doter de routines, d'automatismes de classement, d'un sens pratique issu de l'expérience, permettant de hiérarchiser vite le chaos de l'information [Gans, 1980]. Insérée dans une rédaction américaine, Marylin Lester y admire l'intuition de ses collègues. Ils trient avec vitesse et assurance dans le flux des dépêches, celles qui alimenteront l'édition du jour. Mais lorsqu'elle leur demande d'expliciter ce travail, elle n'obtient que des bribes d'explication *ad hoc*, sans théorie. C'est que, comme en cent autres activités humaines, opère un sens pratique, un savoir imparfaitement verbalisable. Lester [1980] invite alors à repérer trois systèmes de routines qui sont les supports de cette compétence pratique.

La première tient à l'organisation. Le découpage en rubriques manifeste ici encore son importance : un fait aura d'autant plus de chances d'être promu événement qu'il fait sens pour une rubrique, y trouve un point d'ancrage institutionnalisé. La lente percée des questions écologiques dans la presse s'explique ainsi pour partie par l'absence durable de rubrique *ad hoc* [Veron, 1981 ; Sainteny, 1994]. Un deuxième registre renvoie à l'idée de ligne éditoriale. La routine consiste ici en une sélection fondée sur l'intériorisation, pas toujours explicite, des normes du titre : primat donné à l'émotionnel ou refus du fait divers sordide, transfiguration d'un fait de société en outil de réquisitoire contre un gouvernement. On pensera à la manière dont le JT de treize heures de TF1 valorise l'information sur les traditions régionales [Leroux et Teillet, 2001]. Un troisième registre concerne la capacité présumée du fait à être restitué de façon intelligible, mis en récit pour le public cible. S'il y faut de trop longues explications techniques, s'il ne s'ouvre à aucun angle capable de le narrer, il risque d'être réduit à une brève.

La force des routines joue donc au cœur de l'activité journalistique : la définition de l'événement. Que ce savoir-faire soit efficace tant pour gérer le flux informatif en situation d'urgence que pour produire un rédactionnel qui rencontre l'adhésion de consommateurs ne doit cependant pas interdire de lui réserver quelques questions. Quel est le coût en intelligibilité du monde social de processus de tri qui privilégient souvent l'éclat de l'événement sur le silence des évolutions sociales en profondeur, la communauté émotionnelle sur une distanciation analytique ?

La circulation circulaire

La définition d'une valeur d'information conduit à un autre aspect central des routines journalistiques, qui est une pratique assidue de l'intertextualité médiatique. L'importance d'une information vient aussi de ce que les autres titres en parlent et rendent inconcevable de ne pas la couvrir du seul fait de cette forme professionnelle de suffrage censitaire qu'est le verdict des grands titres. Les séquences de « sortie » de biens culturels (films, livres) rendent visibles ces jeux mimétiques illustrés par la frénésie médiatique sur le *Loft* de M6 en 2001, ou l'ultime album de Johnny Hallyday en 2018.

Cette « circulation circulaire » de l'information [Bourdieu, 1996] doit à une donnée de base du métier qu'exprime un journaliste de la BBC : « Une partie de l'éthique du métier, c'est de manger et de boire de l'information » [Schlesinger, 1987]. Les routines quotidiennes sont faites du survol de revues de presse, de l'attention à la radio branchée sur les bulletins d'information pendant les déplacements, du téléviseur allumé sur une chaîne d'information. Si elle prend sens comme vigilance croisée entre concurrents, cette surconsommation médiatique des journalistes est typiquement un effet de champ, qui manifeste la puissance d'un investissement dans le métier. Elle peut exprimer une forme de rigueur professionnelle. Elle produit aussi des effets dont le plus évident est un fonctionnement en chorale de la presse, polarisée sur les mêmes objets, chevauchant les mêmes thématiques et produisant par là un rétrécissement de l'espace des questions dignes de couverture. La notion de champ illustre ici son utilité. Le mimétisme ne fonctionne en effet pas de façon aléatoire, mais suivant les lignes de force du champ. Les titres les plus puissants du pôle intellectuel et (de plus en plus) du pôle commercial sont les points de départ de la réaction en chaîne [Marchetti, 1998]. Le phénomène illustre une propriété des champs : le pouvoir de « déformer l'espace », de l'aspirer vers eux dont disposent ses agents dominants, au point, dans le cas présent, d'amener par mimétisme, croyance cynique dans l'efficacité commerciale ou ralliement dépité aux verdicts dominants des journalistes de titres subissant les rapports de force à traiter de thèmes qui leur auraient paru indignes d'attention. Plus d'un journaliste dira en privé son agacement à devoir, à chaque nouvel opus de quelques gloires médiatiques nationales (Attali, Polony, Val), offrir une invitation ou un compte rendu pour des œuvres qui suggèrent autant l'incontinence éditoriale que l'inventivité ébouriffante.

Le journaliste et ses sources

La métaphore de la source d'information est grosse de malentendus. Aller à la source suggère un comportement actif pour s'approvisionner dans une denrée (l'eau ou l'information) naturellement disponible. Ce jeu de connotations s'accorde avec les images du journaliste fureteur et enquêteur. Il induit en erreur, non parce que les journalistes seraient dépourvus d'esprit d'initiative et de savoir-faire pour accéder à des informations cachées, mais parce que les sources sont aujourd'hui fondamentalement actives. Si une métaphore aquatique peut avoir du sens, elle est celle de journalistes submergés d'un déluge d'informations par les sources.

La professionnalisation des sources

On doit à Philip Schlesinger [1992] la remise en cause du travers « médiacentrique » d'études spontanément centrées sur la vision du journaliste comme seul protagoniste actif de la production de l'information. Schlesinger invite à penser la professionalisation des sources, leur capacité à développer une rationalité stratégique qui repose sur l'anticipation des routines et des pratiques des journalistes pour leur fournir du « prêt à publier ou diffuser ». Greenpeace est passée maître en la matière, en offrant aux télévisions les images chocs tournées par ses soins des Zodiac de militants s'interposant entre baleiniers et cétacés [Anderson, 1997].

Cette professionnalisation s'exprime dans l'envol des effectifs de personnels chargés par les diverses institutions de promouvoir leur communication. Plus de 40 000 attaché(e)s de presse opèrent en France, chiffre supérieur à celui des journalistes, et qui n'inclut pas la population des « dircoms » [Davis, 2013] ou celle des spécialistes du *lobbying*. Formés dans des écoles spécialisées, venant aussi du journalisme, ces professionnels de la communication disposent d'une connaissance des méthodes de travail des journalistes assez précise pour pouvoir anticiper sur leurs contraintes et attentes. Comme l'illustre Jean Charron dans une étude subtile des rapports entre journalistes politiques et élus au Parlement québécois [1994], ces stratégies des sources sont multiples. Si les vieux rituels de la conférence de presse ou du communiqué perdurent, le flot des textes et invitations qui s'abat sur les rédactions en a émoussé l'efficacité. Le travail de communication passe désormais par la production de dossiers en quadrichromie. Il peut relever de pratiques de séduction dont la limite est la corruption. Il repose aussi sur la création d'événements émotionnels ou spectaculaires, art dans lequel certains organisateurs de manifestations sont passés maîtres [Champagne, 1990]. Bien souvent les journalistes ne sont pas dupes des attentions dont ils sont l'objet, ni des happenings montés à leur attention. Et leur agacement devant l'armée des communicateurs, perçus comme manipulateurs, est à l'origine du développement d'une forme inédite de métajournalisme — bien visible en politique — dont la recette est moins de parler de l'événement que de ses usages intéressés et médiatiques.

Cette posture critique ne rend pas automatiquement les sources inefficaces. Leur formatage d'une information prête à publier peut rendre service à un journaliste surchargé. La peur de voir le concurrent couvrir une information pourtant fabriquée suscite le réflexe d'en faire état. Contrôler l'influence des sources suppose aussi de disposer matériellement des moyens financiers et humains de collecter une information originale. Comme le montre Legavre [1992], la logique du don et du contre-don est aussi au principe de l'efficacité des attachés de presse. La fonction suppose une forme obligée de duplicité structurale. L'attaché de presse efficace n'est jamais la voix dogmatique de son institution. Il doit gérer une posture de trahison contrôlée vers les interlocuteurs qu'il tient pour importants : donner du *off*, divulguer une information qui, sans pouvoir être rendue publique, aidera le journaliste à comprendre une situation. C'est ainsi que s'amorce le cycle du contre-don sous la forme d'un papier, d'une interview.

Quel pouvoir des « définisseurs primaires » ?

Le poids des sources institutionnelles majeures (gouvernement, grandes entreprises) apparaît comme considérable grâce à la professionnalisation, qui se combine au réflexe spontané des journalistes qui est de se tourner vers les autorités. De nombreux travaux ont mis en évidence le privilège d'autorité — d'« indexation » pour la sociologie américaine — dont disposaient les points de vue officiels, qu'ils s'agisse de ceux des dirigeants politiques [Bennett, 1996], du ministère britannique de l'Intérieur [Schlesinger et Tumber, 1995] ou plus largement des élites sociales. C'est à partir de ce constat qu'une équipe britannique, animée par Stuart Hall [Hall *et al.*, 1978], a proposé, à partir d'une étude sur la couverture de la délinquance de rue, le concept de « définisseur primaire ». La notion suggère que, dans tout domaine de la vie sociale, existent *de facto* des sources particulièrement accréditées, à cause de leur représentativité, de leur statut institutionnel. Il peut s'agir du président du MEDEF pour les chefs d'entreprise, du ministre de l'Intérieur sur la délinquance.

Quelques stratégies des sources

Modèle 1 : Contrôler

Le journalisme japonais est marqué par une institution originale : les clubs de presse. Nés à la fin du XIXᵉ siècle, ils fonctionnent au départ dans une logique d'accréditation des journalistes chargés de couvrir une institution (parlement, ministère). L'appartenance au club permet d'assister aux points de presse réguliers qu'organise l'institution. Elle donne accès à des locaux (salle de presse, club-house) dans lesquels se développe une sociabilité conviviale entre officiels et journalistes. Après la Seconde Guerre mondiale, ces clubs se sont multipliés (entreprises, administrations). Leur nombre dépasse le millier. Ces clubs sont devenus des instruments efficaces et contestés de production d'un « journalisme de communiqué » déférent. L'accès en est sélectif et la perte d'accréditation équivaut à une mort professionnelle. La participation suppose l'acceptation d'un ensemble de règles du jeu qui restreignent le pouvoir d'investigation des journalistes. Par ailleurs, ces clubs, qui peuvent organiser jusqu'à quatre points de presse par jour, noient littéralement les journalistes sous un flot de documents officiels, de *kondan* (conversations cordiales) et de conférences qui viennent ajouter à l'autocensure instituée une faible disponibilité pour confronter le discours officiel à d'autres sources.

Source : de Lange [1998].

Durant la guerre civile au Salvador, la première source d'information du « corps expéditionnaire » de journalistes (essentiellement nord-américains) était l'ambassade des États-Unis. Connivence patriotique ou idéologique ? Non, nombre des correspondants sont critiques sur l'engagement américain.

Mais l'ambassade offre les services d'une véritable agence de presse, organise un point presse quotidien. Elle sait aussi se plaindre directement aux médias américains des « mauvais » journalistes qui publient des articles trop critiques. Par ailleurs, l'accès à une information en provenance de la guérilla est difficile. Pour des raisons de « sécurité », l'accès aux zones de combat demande un sauf-conduit, distribué avec parcimonie. Un passage illégal peut coûter l'expulsion, ou plus simplement faire rater plusieurs jours de points de presse et la possibilité d'expédier les articles pour le bouclage. Dans la capitale même, le déséquilibre est aussi énorme entre l'organisation artisanale des associations caritatives et des opposants à la guerre et le professionnalisme du gouvernement local.

Source : Pedelty [1995].

Modèle 2 : Séduire

Les chargés de communication des entreprises ne manquent pas d'imagination pour bénéficier de la bienveillance des journalistes susceptibles de parler de leurs produits. Une marque de yaourt offre ainsi son dernier produit dans un écrin qui n'est autre… qu'un réfrigérateur. Une visite de l'usine Apple en Irlande par des journalistes informatiques se clôt par la distribution du dernier Mac. À la même époque, les journalistes automobiles sont invités à tester la nouvelle Fiat Uno aux Seychelles, en compagnie de leurs épouses. Cet excellent véhicule sera élu voiture de l'année par un jury de journalistes indépendants.

Source : Rouge [1990].

La carrière journalistique en Thaïlande est souvent mal rémunérée. Les journalistes politiques doivent couvrir les déplacements du personnel politique local sans disposer des frais de mission adéquats, dans un contexte où les interactions entre journalistes et élus prennent la forme d'échanges informels et prolongés dans les bars, parfois dans des lieux moins avouables. Qu'à cela ne tienne ! La tradition locale de rapports de parrainage entre aînés et juniors et l'intuition bien comprise des jeux de contre-don ont institutionnalisé un système de cadeaux et de corruption douce. Les parlementaires contribuent au financement des dépenses des journalistes chargés de les suivre, leur offrent des repas, paient les consommations au bar, parfois les nuitées d'hôtel. Des enveloppes remplies de billets sont aussi offertes aux journalistes pour les défrayer, ou pour alimenter les fondations charitables que soutiennent la plupart des titres, la transmission de la somme étant laissée à la discrétion du bénéficiaire. Un ministre de la Santé eut même l'idée ingénieuse d'offrir aux journalistes un tarif préférentiel dans les cliniques privées qu'il possédait.

Source : McCargo [2000].

Modèle 3 : Laisser jouer la sous-professionnalisation d'un titre

Que se passe t-il quand la rédaction d'un mensuel consacré aux voyages est peu étoffée ? Elle fait appel aux pigistes et aux stagiaires. Mais l'économie (en tous les sens du terme) de la rédaction repose plus encore sur deux « sources ». La première est une vaste bibliothèque contenant toutes les éditions des guides de voyage disponibles (offerts en service de presse), du *Routard* au *Bleu* et au *Petit Futé*. La seconde est la quasi-banque de données constituée des catalogues, sites Internet et contacts directs avec les voyagistes. Dans ces conditions, il est possible, sans quitter les locaux de la rédaction, de rédiger un papier sur

Venise ou des conseils de week-end à Lisbonne qui contiendront suggestions de visites, bonnes adresses et jusqu'au prénom du patron de bistro mentionné par tel guide. Est-ce à dire que les collaborateurs du titre ne se déplacent jamais ? Si, mais sans budget *ad hoc*, souvent donc sur financement d'un comité régional de tourisme ou à l'invitation et aux frais de voyagistes, donnée qui risque fort d'ajouter au couper-coller des papiers faits à coups de guides une strate de publirédactionnel.

Source : entretien, stagiaire, décembre 1997.

Modèle 4 : Fabriquer le pseudo-événement

Pendant un « sommet de la terre » à Johannesburg en 2010, les télévisions diffusèrent les images d'une inhabituelle manifestation. Des paysans africains, indiens et philippins brandissaient des pancartes en faveur des OGM : « Des biotechnologies pour l'Afrique ! » « Halte à l'éco-impérialisme ! » « Verts, cessez de nuire aux pauvres ! » Une enquête devait révéler que cette mobilisation avait été organisée par de grands propriétaires et le voyage des manifestants financé par des firmes comme Monsanto. Pareil scénario est devenu banal. Un secteur de consultance s'est même monté aux États-Unis, proposant services et ingénierie pour susciter les mobilisations (pétitions, sites Web et même rassemblements de rue) d'une « société civile » fabriquée par les interventions de *lobbies* ou de puissantes entreprises. Ces techniques, qui renvoient à l'artisanat les bons vieux figurants payés pour remplir une salle de meeting, créent des situations propices à faire de journalistes pressés les suppplétifs d'entreprises de manipulation.

Source : Laurens [2015].

Le public : absent ou artefact ?

Évoquant son expérience de journaliste, l'historien Robert Darnton [1975] écrit : « Les journalistes de presse écrite peuvent avoir une certaine idée de leur public — encore que j'en doute. Mais ils écrivent en ayant en tête toute une série de groupes de référence : ceux qui relisent leur papier, les différents rédacteurs, leurs collègues de la locale, les sources et les sujets de leurs articles, les reporters des autres titres, leur famille et amis... » Le public apparaît comme l'absent des interdépendances journalistiques. Hormis le cas du localier, bien identifié dans sa petite ville, les contacts directs et réguliers public-journaliste sont en effet rares. Diverses initiatives ont tenté d'y remédier. Il peut s'agir de fonder des sociétés de lecteurs ou d'amis (au *Monde* et au *Monde diplomatique*), d'organiser des panels où des échantillons de lecteurs réagissent aux contenus. Le courrier des lecteurs, parfois analysé avec une grande attention (*Ouest France*), peut être un support d'échange. Mais il suscite plus souvent la méfiance : n'est-il pas le fait de retraités qui s'ennuient, de cuistres du rectificatif ? Plus positivement, comme le notait le 28 février 2000 le médiateur du *Monde*, que faire de ces lettres de « pros », « parfaitement calibrées, trop séduisantes, [dont] on aurait envie de toutes les publier » ? Une autre technique consiste, comme le notait Darnton, à imaginer un lecteur type. Le grand journaliste Pierre Desgraupes parlait de la « Mercière de Périgueux », d'autres de « Mme Michu », qu'il ne fallait sans doute pas imaginer trop cultivées [Le Bohec, 2000]. Tunstall [1971] fait une observation stimulante : questionnant les journalistes qu'il étudie, il leur demande le pourcentage de travailleurs manuels dans leur lectorat..., chiffre qu'ils sous-estiment

collectivement de 20 %. Ce détail peut suggérer une dissonance cognitive : se voir marteler que son public est peu sophistiqué, simple ou même simplet... mais en même temps le penser comme pas si éloigné socialement, ce qui facilite le fait de se penser comme honnête interprète de ce public, sans trop s'interroger sur les sujets et registres d'écriture qui seraient les plus adéquats au public réel. Les logiques de champ sont d'ailleurs un outil partiellement pertinent d'ajustement. En s'opposant au compte rendu, tenu pour sans empathie, de son collègue du *Figaro* sur l'évacuation d'un camp de migrants, en ironisant sur le commentaire coincé du critique du *Monde* sur un film avant-gardiste, le journaliste de *Libération* a quelque chance de ne pas être en porte à faux sur son public.

La bascule de l'information vers les écrans avec la possibilité d'y accueillir des commentaires a modifié ces interactions. Les batailles de commentaires attirent du trafic. Elles dégénèrent aussi vite vers le « point Godwin », des accusations de fascisme ou de stalinisme, et demandent alors d'investir des régulateurs pour conjurer les dérapages. Il est frappant de voir que, alors que les travaux d'entreprises spécialisées [Barwise et Ehrenberg, 1988] ou de chercheurs [Masclet, 2018], offrent des visions très fines des consommations d'information, peu de journalistes y prêtent grande attention. Dans un contexte où la coopération active avec les fractions mobilisées des audiences devient une réalité qui peut être productive, il y aurait pourtant là un terrain de mobilisation féconde des travaux de sciences sociales, un moyen aussi de ne pas laisser au service marketing — qui se contente souvent de vêtir Mme Michu des habits neufs de statistiques sommaires — le monopole du discours d'autorité sur les pratiques et attentes de publics.

Les routines journalistiques poussent la presse à chercher d'abord l'information vers ces sources, qui disposent à partir de là du pouvoir de « définir » la situation, de la « cadrer ». Dans l'étude de Hall, la police et le *Home Office*, en attirant l'attention sur ce qu'ils décrivent comme un essor des vols sur la voie publique — délits souvent imputés à des immigrés —, créent une définition de situation qui devient le cadre repris par la presse. Les définisseurs secondaires (associations, porte-parole de communautés immigrées, chercheurs) se caractérisent ici par leur marginalité et leur peu de poids social qui limitent la reprise par les médias des arguments qu'ils développent pour contester la définition de problème ainsi réalisée.

Intervenant quinze ans plus tard sur ce même terrain du journalisme et de la délinquance, Schlesinger et Tumber [1995] vont apporter une critique décapante de la problématique de l'équipe de Birmingham. Leur propos n'est pas de contester l'existence de définisseurs primaires, mais d'inviter à une vision plus dynamique. Être définisseur primaire constitue plus le résultat instable d'un processus qu'un statut garanti. L'analyse de Hall repose sur des raccourcis contestables. Elle suppose que le définisseur primaire parle d'une seule voix et puisse prévenir dans son institution toute fuite ou propos dissonant. Elle semble exclure la possibilité pour les journalistes de se comporter eux-mêmes comme des définisseurs primaires, en constituant des faits sociaux en problèmes. Elle universalise à partir d'un cas la condamnation des définisseurs secondaires à l'impuissance médiatique ou l'impossibilité de voir la position « primaire » changer de titulaire. Elle fait enfin l'impasse sur la possibilité qu'une initiative importante d'un définisseur primaire échoue piteusement. Olivier Baisnée [2001] éclaire précisément un cas d'école de disqualification d'un définisseur primaire en analysant les conditions dans lesquelles le fonctionnement, jusque-là peu questionné, de la centrale de retraitement de La Hague accède au statut d'information chaude, entre mobilisation écologique, alarme épidémiologique et carences communicationnelles de la Cogema dans le contexte post-Tchernobyl. À l'inverse, des travaux récents sur la couverture médiatique des accidents de la route [Grossetête, 2012] démontrent combien les campagnes de communication publique, en rien contredites par les professionnels de l'automobile, ont imposé à la presse une lecture « conducto-centrée » : les accidents sont le fait d'un conducteur abstrait, mais inattentif, buveur ou imprudent. L'état du réseau, l'usage obligé de la voiture, les inégalités sociales — considérables — devant l'accident ne sont presque jamais questionnés. S'il peut devenir un raccourci simpliste, le modèle du définisseur primaire n'est donc pas sans pertinence.

Les propriétaires : concentration et contrôle accru

Les protagonistes du travail journalistique sont aussi les patrons de presse. Une évolution saillante de la presse française (et internationale) tient à sa concentration aux mains d'un nombre restreint de groupes économiques. Beaucoup de titres de presse écrite ont été mis en vente et rachetés depuis les années 2000, par les effets convergents d'une crise économique du secteur et de gestions souvent peu stratèges [Stern, 2012] par des directions de journalistes (*Le Monde*, *Libération*) mais aussi des capitaines d'industrie (Groupe Lagardère). Le site ACRIMED tient à jour une carte détaillée des groupes et participations. Souligner que plus de 85 % des titres d'information importants sont sous le contrôle d'une petite dizaine de milliardaires peut sembler un cliché anticapitaliste, c'est plus encore un fait problématique. Xavier Niel ou Bernard Arnaud viendraient-ils dicter la manière de parler de PSG-Liverpool ou du barrage des Gilets jaunes à Montluçon ? Non, mais un groupe du BTP ou de l'armement qui possède un groupe de presse a peu d'intérêt à incommoder un gouvernement dont il attend les contrats. La gestion de ses médias par le groupe Bolloré est un cas d'école. Elle s'est traduite à Canal + par la non-diffusion de reportages jugés trop critiques sur des groupes bancaires ou économiques, en 2018 par une condamnation par le CSA après la diffusion d'un publireportage complaisant sur le Togo où le groupe a des intérêts. Et la grève sans précédent dans le secteur privé de la rédaction de I-Télé en 2016 (reconverti en CNews) avait aussi des enjeux d'autonomie de sa rédaction. Les leviers de l'influence des grands actionnaires sont multiples. Prendre une participation dans un site Web ou un magazine, sans la moindre ingérence, ce peut aussi être souscrire à une police d'assurance contre un média persifleur. Et à quoi bon intervenir sans tact quand nommer un rédacteur en chef ou des éditorialistes qui ne soient pas trop distants de vos vues suffit à cadrer une ligne éditoriale ? Dans un témoignage cruel mais documenté, Lancelin [2017] démonte ainsi la transformation d'un hebdomadaire d'information de gauche en ce qu'elle nomme une « fabrique éditoriale à chapons ».

Pour reprendre le binôme de Tunstall, le pouvoir de l'entreprise de presse sur l'entreprise de production de l'information s'est considérablement accru. Peut-être faut-il voir dans la rentabilité décroissante du gros de la presse une chance de désengagement des financiers, une occasion d'inventer de nouvelles formules d'entreprises à but non lucratif, participatives...

IV / L'écriture journalistique

Un grand partage entrave l'analyse du journalisme. Aux sociologues, l'observation du travail des journalistes, des usages et
effets de leur activité, mais le produit fini (articles, films, chroniques radio) devrait, lui, être traité par des sémiologues ou des
linguistes. La croyance en cette frontière, durcie par le dessein de
défendre « son » territoire contre la tribu voisine, est un obstacle
épistémologique, car les écritures journalistiques sont aussi des
faits sociaux. Mots, montages et récits expriment aussi la trame
d'interdépendances explorées jusqu'ici. Sociologiser ainsi l'écriture
n'implique en rien de se priver des apports des analystes des
langages et grammaires narratives. Un nombre croissant de travaux
interdisciplinaires explore cette voie, en contournant les postes
frontières des orthodoxies disciplinaires [Soulages, 1999 ; Barnhurst
et Nerone, 2001 ; Broesma, 2007 ; Ringoot et Utard, 2009]. Très
divers, ils ont en commun d'aider à comprendre que si l'on doit
prendre en compte des données comme la « plume » singulière qui
fait reconnaître les papiers de tel journaliste, l'existence de genres,
de formats, de codes..., rien de cela n'opère hors d'un système
plus ou moins institutionnalisé, de rapports de coopération et de
pouvoir, de normes professionnelles. C'est sur l'explicitation de
ce que peut vouloir dire une écriture normée, institutionnalisée
que débutera ce chapitre. Il suggérera ensuite la tension entre le
risque qui en naît de se figer dans les stéréotypes et les conventions, et l'inventivité paradoxale d'une écriture journalistique
qui se renouvelle en transformant des contraintes en stimulants.

Un ordre de discours spécifique

L'un des apports de Chalaby [1998] est de souligner, dans une analyse inspirée de Foucault, que l'invention du journalisme, son autonomisation comme activité et monde social spécifique se sont d'abord réalisées par la naissance d'un ordre de discours inédit. Le modèle américano-anglais de journalisme institutionnalise peu à peu un ensemble de règles d'écriture, intériorisées par les journalistes, contrôlées par les rédacteurs en chef. Il s'agit de l'objectivité au sens de revendication d'un récit vérifié et neutre des faits, séparation du fait et du commentaire. La règle des cinq W (*Who ? What ? When ? Where ? Why ?*) détermine les contenus obligés de tout reportage. La norme dite de la pyramide inversée exige que l'essentiel de l'information soit condensé dans le *lead*, paragraphe d'attaque, et que viennent ensuite détails et explicitations. L'écriture journalistique se construit au xixe siècle comme un discours spécifique, une façon réglée et identifiable d'utiliser les possibilités du langage. Ce processus peut être analysé comme une double objectivation. On ne saurait trop insister sur l'importance de la codification, sans grands équivalents pour d'autres types d'écriture (romans, thèses), que matérialise une production considérable de manuels destinés à l'apprentissage des divers types de production journalistique [Agnès, 2015]. L'objectivation vaut aussi du côté des publics. Le simple fait de la lecture de journaux ou de l'exposition à la télévision crée une familiarité, un « horizon d'attente » par lequel, sans pouvoir nécessairement le théoriser, la plupart des usagers des médias identifient ce qui différencie l'éditorial du reportage, saisissent intuitivement certains éléments de la grammaire d'un reportage télévisé.

Trois tendances de l'écriture journalistique valent d'être soulignés. La première tient à la revendication d'une soumission aux faits. Si l'écriture de presse peut interpréter, parfois prendre position — on l'a vu —, elle se donne avant tout comme miroir. La seconde tient à l'importance d'une dimension pédagogique. Si la connaissance réelle des publics par les journalistes est souvent floue, leur pratique n'en intègre pas moins une anticipation sur la réception qui se traduit dans une écriture assujettie à des principes d'explication, d'adaptation du vocabulaire aux capacités présumées du public. Enfin, l'écriture de presse est marquée par l'importance de ce que les linguistes nomment la fonction phatique, soit — comme le « allô » des conversations téléphoniques — un ensemble de dispositifs visant à entretenir le contact, à éviter le décrochage des publics. Participent de cette démarche les manchettes (« Le pape est encore mort », titrait *Libération* au décès de l'éphémère pape Jean-Paul Ier)

L'objectivité : un rituel stratégique ?

À partir d'une observation ethnographique de plusieurs rédactions américaines, Gaye Tuchman [1972] analyse le rôle de l'objectivité comme élément de référence de l'écriture journalistique. Elle identifie trois registres de marqueurs discursifs de cette objectivité.

Les premiers sont « formels » : usage intensif des guillemets pour signaler le discours rapporté, présentation ostentatoire de points de vue contradictoires (X a dit, Y affirme), présence dans le texte de données factuelles qui confirment les énoncés et caractérisations.

Les deuxièmes sont « organisationnels » : il s'agit d'abord de la priorité donnée aux sources institutionnelles présumées détenir une autorité peu discutable (indication du chiffre des manifestants selon la police, interview du maire d'une cité sinistrée), mais aussi du découpage même en rubriques ou d'une typologie des articles qui signale le statut plus subjectif ou interprétatif de certains textes (éditorial, tribune, *news analysis*) signifiant *a contrario* la factualité brute des autres contenus.

D'autres enfin renvoient au souci de se conformer à une forme de « sens commun », ce qui se traduit par une attitude très prudente devant tout article dont les contenus heurtent ce qui apparaît comme des évidences de bon sens. Ainsi lorsque John Kennedy était journaliste en Grande-Bretagne à la fin de la Seconde Guerre mondiale, le groupe Hearst refusa de publier un de ses articles prédisant (à juste titre) la défaite électorale de Churchill : le sens commun américain rendait impensable la défaite d'un leader respecté ayant conduit son pays durant une guerre mondiale.

Tuchman invite à penser cette écriture objective non tant comme une garantie de véracité ou de neutralité politique que comme un dispositif de protection contre les critiques et les poursuites dont se dotent les journalistes. Le déploiement de la panoplie des marqueurs d'objectivité vient avant tout manifester que, bien que travaillant dans l'urgence, ils ont tout fait pour aller aux sources les plus fiables, solliciter plusieurs points de vue. L'écriture vient en quelque sorte suggérer que ce sont les faits qui parlent et non la subjectivité du rédacteur.

et la titraille, les photos, la concision des formats, l'infographie, la succession rapide des séquences, les images chocs à la télévision.

Appliqué à des façons d'écrire, l'adjectif journalistique souffre aussi d'ambiguïté. Dans l'usage qu'en font volontiers les universitaires, le terme devient synonyme de superficiel. Les reproches symétriques que font volontiers les journalistes aux universitaires sont aussi éclairants. La parole universitaire apparaît, elle, comme verbeuse, incapable d'aller brièvement à l'essentiel, de poser des conclusions nettes. Ce jeu de stigmatisations croisées montre qu'une écriture n'est jamais réductible au talent de son producteur, mais exprime des contraintes et des ressources sociales. Le rapport au temps, l'espace rédactionnel disponible, le profil des lectorats opposent terme à terme le collaborateur de la *Revue française de sociologie* et celui de *Métro* !

Le piège du vraisemblable

Gérard Genette [*Communications*, 1968] définissait un récit « vraisemblable » comme « un récit dont les actions répondent, comme autant d'applications ou de cas particuliers, à un corps de maximes reçues comme vraies par le public auquel il s'adresse. Mais ces maximes, du fait même qu'elles sont admises, restent le plus souvent implicites ». Brecht décrivait à l'inverse une écriture réaliste comme celle qui « dévoile la causalité complexe des rapports sociaux, qui est concrète tout en facilitant le travail d'abstraction ». On discerne alors l'un des défis auxquels se confronte l'écriture journalistique. Comment être « réaliste » et non « vraisemblable » ? Comment rendre compte d'un monde complexe sans lui donner la fausse clarté d'un univers peuplé de stéréotypes ? Donner des chasseurs en colère une image qu'on croirait tirée d'un dessin de Cabu met immédiatement en marche — surtout dans un lectorat urbain et scolarisé — toute une série d'associations aux personnages du « beauf » ou du « plouc » qui fonctionnent comme des explications silencieuses. Il n'est pas certain qu'un tel raccourci rende intelligibles les enjeux de la crise de la ruralité, le sens de styles de vie que révèlent ces mouvements. Des notions comme « islamisme » ou « populisme » présentent le confort de suggérer un cortège d'images et de personnages, un concentré d'explication. Mais la diversité extrême des faits ainsi étalonnés, jointe à la pauvreté analytique de telles notions, n'aide que rarement à entrevoir la « causalité complexe » du monde.

La tradition d'analyse rhétorique renvoyait à trois dimensions de l'expression [Barthes, 1985]. L'*inventio* désigne la dimension de rassemblement des informations, de sélection des cadres interprétatifs qui vont permettre de traiter une question (ce que fait l'étudiant ou le journaliste qui réunit les matériaux de son article ou de sa dissertation). La *dispositio* peut être associée à une logique du plan, du choix d'un format d'expression qui met en forme et organise l'enchaînement des éléments ainsi réunis. L'*elocutio*, enfin, désigne le travail sur le matériau linguistique même : choix de formules, d'images qui vont mobiliser l'attention du public. Cette trilogie donnera le fil conducteur d'une exploration du vraisemblable dans le discours journalistique.

Inventio

L'*inventio* n'est pas invention au sens d'imagination, mais collecte de matériaux, de *topoi* (« lieux » en grec, d'où l'expression « lieux communs ») qui permettent de traiter d'un sujet. Cette activité désigne deux opérations. La première est la collecte des informations au sens strict : lecture de dépêches, envoi de reporters. La seconde, sur laquelle on se fixera ici, consiste à trouver ce que le vocabulaire professionnel appelle un angle, une façon de traiter le fait. La métaphore du cadre (*frame*) développée par Goffman est ici précieuse. Trouver un angle n'est pas sans lien avec le travail du photographe ou du cadreur au cinéma. Faut-il donner un plan large de l'événement en valorisant par exemple un arrière-plan historique, ou jouer de gros plans par des portraits ou des témoignages ? L'*inventio* suppose encore de mobiliser sur un sujet qui peut être imprévu ou peu familier des matrices interprétatives, un savoir de sens commun qui lui donne une intelligibilité. Lorsque émerge en novembre 2018 le mouvement des « Gilets jaunes », le branle-bas des rédactions tourne autour du défi d'arrimer à de l'intelligible un mouvement imprévu, perçu comme inédit, sans organisation ni chefs, au programme flou. À quoi le comparer ? Aux Bonnets rouges bretons de 2013, au mouvement Poujade des années 1950, à Nuit debout en 2016 ? Faut-il réactiver la catégorie des nouveaux mouvements sociaux ? Quels angles trouver sur ce mouvement : sa possible récupération par des partis, le pouvoir prodigieux des réseaux sociaux ? La question de la viabilité d'une protestation sans organisation ? Le repérage de sa base sociale ? Le choix retenu sera ici de mettre en récit l'histoire de gens sans histoire ni engagement devenant activistes, là de mettre le projecteur sur la présence de militants du Rassemblement national. Le travail classique de Gans dans *Deciding What's News* [1980] théorise ce type d'enjeux *via* la notion de « valeur d'information ». Il identifie dans les médias américains des années 1970 la présence d'un puissant ethnocentrisme, une série de valeurs (modération, individualisme), de mythes sociaux (le capitalisme responsable, la chaleur de la petite ville, le dévouement altruiste des élus à l'intérêt général). Ces repères servent à la fois à filtrer ce qui fait événement — en illustrant, plus souvent en transgressant ces normes — et à en donner sens et moralité. Le *Watergate* est ainsi un scandale parce qu'il contredit aux principes de modération du combat politique, viole les normes de démocratie altruiste, ce qui justifie des façons plus agressives et critiques de couvrir pareilles transgressions.

Analysé par une série de travaux français [Champagne, 1991 ; Boyer et Lochard, 1998 ; Sedel, 2009], anglais [Cottle, 1993] et américains [Wacquant, 1997], le traitement de ce qu'il est convenu d'appeler la « question des banlieues » illustre la façon dont le cadrage de l'événement menace de ligoter l'information sur le lit de Procuste d'une interprétation préétablie et réductrice. Résultant de causes complexes (chômage, politiques d'urbanisme, de transport et d'éducation, immigration, décomposition de l'identité ouvrière, etc.), les tensions qui s'expriment dans certaines banlieues s'accommodent mal d'explications simples. La difficulté du compte rendu est redoublée par la distance sociale qui sépare souvent les journalistes des habitants des cités, par l'accueil agressif que ceux-ci peuvent rencontrer (entre autres, parce que les habitants se jugent stigmatisés par certains types de reportages). Un journaliste de *Libération* observait ironiquement que ce dernier risque peut « donner à l'aller-retour à Mantes-la-Jolie le cachet si pittoresque d'un grand reportage à Hébron ».

Confrontés à la nécessité d'intervenir vite sur l'événement, d'en donner une interprétation intelligible, les journalistes recourent fréquemment à des interprétations réductrices. L'usage, sociologiquement absurde, de la métaphore du ghetto permet ainsi — lors d'une « Marche du siècle » de mars 1997 — de diffuser en chaîne un reportage sur le Bronx new-yorkais et sur un quartier de Pontoise. Ce schéma peuplé de ce que Guy Lochard désigne comme des « figures stéréotypiques » s'exprime à plein lorsqu'une télévision privée commande à ses reporters dépêchés à Vaulx-en-Velin un reportage centré sur le trio « un Black, un Beur, un dealer » [Champagne, 1991]. Un autre reportage commandé par la chaîne, qui mettait cette fois en scène des responsables associatifs de la cité et des habitants donnant de leur quotidien une vision moins apocalyptique que celle d'un supermarché en flammes, attend toujours d'être diffusé. Ces mises en récit médiatiques contribuent à stigmatiser les résidents des zones concernées. Elles peuvent aussi les inciter à s'aligner sur les stéréotypes comme en témoignent des jeunes de Montfermeil interrogés par *Télérama* : « On se cachait le visage avec une capuche et un foulard. C'était n'importe quoi. Ça plaisait aux télés. Devant les caméras on disait : "Si la société ne fait rien pour nous, on va tout casser." C'était un discours je-m'en-foutiste. Il fallait faire les malins devant les copains. Avec le recul, j'ai l'impression que nous nous sommes fait utiliser. » Ces reportages contribuent aussi, tant à l'égard des gouvernants que des citoyens, à rendre paradoxalement plus compliquée l'identification de solutions du fait même de la simplification caricaturale des problèmes.

Le reportage *De l'autre coté du périph'*, réalisé dans un grand ensemble de Montreuil par Bertrand et Nils Tavernier en 1997 pour France 2, suggère une comparaison éclairante. Accueillis initialement avec réticence et menacés de représailles s'ils filment, les membres de l'équipe séjournent plusieurs mois sur place, se faisant lentement accepter, gagnant la confiance des résidents avant de lancer inter-views et prises de vue. De tonalité combative, leur film développe une série d'angles rarement valorisés : témoignages hors contexte de crise, diversité des points de vue, évocation argumentée du retrait des services publics, formulation de problèmes concrets comme les effets du « tout électrique » dans les immeubles sur le budget des ménages.

Le travail long et coûteux de collecte de témoignages libérés de la pression du spectaculaire et de l'événement permet de donner d'une cité de banlieue une vision éclairante, ni angélique ni réductrice.

Dispositio

Collecter des informations, trouver l'angle ne donnent pas magiquement le produit fini. Il faut rédiger, trouver un plan ou un montage, enchaîner faits, idées, images. C'est ici que jouent les conventions d'écriture du journalisme qui fixent à chaque type d'article (edito, reportage, brève) une véritable grammaire. Les travaux de sensibilité sociologique sur ces patrons narratifs sont rares [de La Haye, 1978 ; Neveu, 1993 ; Schudson, 1995]. On voudrait donner un aperçu de leurs apports en empruntant à de La Haye. Sans doute son livre a-t-il vieilli, mais il illustre aussi de façon éclairante la formule juste et sibylline de Schudson : « Les informations ne racontent pas seulement la politique. Elles participent aussi d'une politique de la forme narrative. » Il joue pour cela de deux outils de classement.

Inspirée de Jakobson, la catégorie du « ton » classe les textes en fonction du degré d'implication du locuteur et du mode d'adresse au récepteur. À une extrémité, les tons « politique » ou « polémique » comportent un fort engagement normatif, le second étant volontiers réservé à l'évocation de ceux qui troublent l'ordre social. À l'autre, les registres « prudentiel » et « révérenciel », qui rendent souvent compte des discours d'institution, déploient au contraire les signes de la neutralité la plus ostentatoire ou de l'acquiescement au propos de la source. Le ton « technocratique » se singularise, lui, par l'effacement du locuteur derrière un discours qui doit s'imposer à tout être de raison, énonce l'ordre naturel des choses. On peut actualiser cette catégorie en pensant à la manière dont une partie de l'information économique audiovisuelle présente les impacts sociaux de la financiarisation de l'économie comme un *fatum* dont la contestation ne peut relever que de l'ignorance ou d'une nostalgie du soviétisme.

La Haye mobilise par ailleurs une métaphore du journaliste-cuisinier, transformant le cru des faits en plat consommable par divers processus de « cuisson ». Il associe une catégorie de la « narration » (que l'on peut identifier à nombre de reportages) à l'image d'une cuisson rapide : compte rendu factuel et précis, juxtaposition et énumération de faits, dramatisation. Ce registre narratif a pour effet de « mettre en scène, pas en question », de rendre improbable une compréhension causale de l'événement, submergé par un flot de détails. La « dissertation » (dont les éditoriaux d'hebdomadaires donnent une illustration) fonctionne

« à l'étouffée ». Elle constitue dans l'écriture journalistique l'équivalent des exercices scolaires des filières nobles de l'école. Faisant grand usage des citations, des allusions cultivées et des fleurs de rhétorique, l'exercice insiste sur l'extrême complexité des problèmes, les ramène à des questions éternelles de la nature humaine. La Haye associe à cette forme une double fonction : disqualifier toute solution novatrice ou radicale par l'invocation de la complexité, dissoudre les déterminants sociaux et historiques des événements.

Il est rétrospectivement facile de discerner des failles dans le cadre d'analyse de La Haye. Le marxisme sociologisé n'y éclaire guère les types d'interdépendances sociales qui peuvent stimuler le recours à telle forme ; l'articulation entre « tons » et « cuissons » est peu explicite. En dépit de cela, ce « vieux » livre soulevait en précurseur une question centrale : en quoi les formes narratives sont-elles porteuses de visions du monde ?

Elocutio

L'écriture journalistique se manifeste enfin par un usage singulier du matériau linguistique (et de l'image). L'existence d'un véritable lexique de métaphores, d'expressions toutes faites, de détournements de titres de films ou de romans en constitue l'aspect le plus visible. Michel-Antoine Burnier et Patrick Rambaud [1997] en ont offert une synthèse hilarante. Ils recensent ainsi la surexploitation d'expressions comme « fragiliser, sous haute surveillance, gérer, incontournable, obligé, bousculer le calendrier, essuyer les plâtres ». Le « prêt-à-parler » médiatique fait aussi grand usage de ce que ces auteurs nomment la technique du *carpaccio* (soit l'extension jusqu'à l'absurde d'une expression initialement précise, comme le terme *carpaccio*, réservé à une préparation de viande crue, désignant désormais d'innombrables recettes à dominante rougeâtre). Des observations similaires valent pour l'image. Étudiant les représentations des Irakiens dans les médias, Midberry [2017] relève leur pauvreté : personnages presque toujours saisis en groupes ou foules, menaçants, vivant dans des maisons en ruines, visages sur-expressifs de pèlerins qui se flagellent ou de victimes d'attentat. Les membres de groupes-tests de lecteurs et télé-spectateurs synthétisent ainsi leur perception : turbans, désert, guerre, terroristes, voile, traditions, oppression, et même burqas révélant une confusion avec l'Afghanistan. Beaucoup des sondés disent à la fois leur impression d'une population menaçante et peu civilisée et la suspicion qu'ils sont dans les clichés, ne voient que des images extrêmes — où sont les mariages, les fêtes, la vie domestique ? Mais ils n'ont guère d'alternatives visuelles à cet orientalisme médiatique.

Sauf à revendiquer une mission de police du langage, aucun argument scientifique ne permet de condamner ce vocabulaire, qui peut aussi être drôle et inventif. Il soulève cependant trois problèmes. Le premier tient à la façon dont l'accumulation de clichés peut produire un langage pesant, contraire à son ambition pédagogique. Le deuxième vient de ce que les clichés langagiers véhiculent des stéréotypes appauvrissants. Utiliser *ad nauseam* ayatollah, fatwa et tchador donne de l'Iran une image simpliste et peu éclairante (la métaphore d'un pouvoir de « *PhD* barbus », proposée par un spécialiste de l'islam, est plus inattendue et plus éclairante). Le problème final tient à ce que pareille écriture substitue à une mise en perspective socio-historique un amoncellement d'images d'Épinal. Ce journalisme travaille alors au mythe que Barthes [1957, p. 230] définissait comme « déperdition de la qualité historique des choses » : « Le mythe ne nie pas les choses, sa fonction est au contraire d'en parler, simplement, il les purifie, les innocente, les fonde en nature et en éternité, leur donne une clarté qui n'est pas celle de l'explication mais du constat. Les choses ont l'air de signifier toutes seules. »

Des cadres narratifs mobiles

Une écriture sous contrainte

La diversité de la production journalistique, jusqu'au sein d'un même titre, ne se réduit pas au règne sans partage du vraisemblable. Les processus par lesquels le cliché peut étouffer l'information traduisent d'abord un faisceau de contraintes, plus faciles à énumérer qu'à maîtriser, dans lesquelles travaillent les journalistes. Le rapport au temps qui oblige à rendre compte d'un fait dans les heures qui suivent son déroulement incite à utiliser le précédent ou l'analogie superficielle, pour expliquer le nouveau. Les contraintes de concision incitent à ne pas déployer des cascades de distinctions, trop vite tenues pour subtiles. Le poids du vraisemblable reflète aussi des stéréotypes sociaux, la capacité de certaines sources à imposer leur définition des problèmes. Il résulte paradoxalement des conventions par lesquelles l'écriture de presse entend produire objectivité et lisibilité. En étudiant la manière dont les médias américains traitent de dossiers controversés (Palestine, relations raciales aux États-Unis), William Gamson [1992] montre combien l'impératif d'objectivité freine l'expression journalistique de ce qu'il nomme des « cadres d'injustice », c'est-à-dire de problématisations d'un dossier ou d'un événement, qui le posent comme la manifestation d'une injustice, présentant alors comme possible ou légitime une action collective pour en modifier les données.

On peut condenser les contraintes qui pèsent sur l'écriture journalistique par la référence à trois types de forces. Les premières — voir chapitre III — renvoient à l'ensemble des conditions de travail et des contraintes de production (rapport au temps, aux sources...). Les deuxièmes sont liées aux stratégies commerciales de l'entreprise de presse, aux objectifs qu'elle se fixe quant à sa profitabilité, au profil social du public cible. Chacune de ces stratégies contribue à définir un espace de possibles narratifs. Enfin, la structure du champ journalistique associe à tout journaliste des cadres narratifs préférentiels qui dépendent à la fois de sa place statutaire (éditorialiser suppose une position hiérarchique), de sa rubrique (un chroniqueur télé peut se permettre un ton irrévérencieux moins usuel en page politique [Neveu, 1993]), et des logiques de distinction à l'égard des titres concurrents.

Une étude d'Eamonn Forde sur les évolutions de la presse musicale britannique [2001] éclaire ces contraintes sociales sur l'écriture. Forde observe le recul spectaculaire d'une critique de rock, triomphante jusqu'au seuil des années 1980, qui s'exprimait dans des papiers longs, revendiquant des références intellectuelles, subjectifs jusqu'au narcissime, entreprenant de déchiffrer dans les groupes et leurs œuvres des significations, des mythes sociaux. Cette écriture se rétracte, au profit de textes plus courts, moins subjectifs, moins « intellectuels », plus centrés sur l'univers des stars et leur style de vie. Pourquoi ce virage ? Forde y associe des changements dans la presse elle-même. Intégrés à de grands groupes (EMAP), démultipliés sur des niches musicales ou des publics cibles précis, les magazines musicaux sont gérés de manière plus managériale, jusque dans le calibrage des textes, l'anticipation sur les attentes d'adolescents qui ne sont plus ceux des *sixties* ou du punk. La multiplication des titres modifie aussi le rapport aux sources. Ayant à arbitrer entre les demandes de dix titres et non plus trois, les attachés de presse des vedettes sont plus à même de dicter leurs conditions. L'entretien d'une heure remplace l'intégration du reporter au groupe en tournée, matière hier des reportages fleuves d'un Nick Kent sur les Stones ou Led Zeppelin. L'alignement de la presse musicale sur la logique des *tabloïds*, l'accentuation des frontières entre presse de loisir et titres tournés vers le politique et le social ont aussi détourné du genre les journalistes plus intellectuels, en rendant improbable l'effet rampe de lancement par lequel des chroniqueurs au style flamboyant se faisaient repérer dans la presse musicale pour intégrer en quelques années des titres plus généralistes et plus prestigieux.

Rhétoriques journalistiques et interdépendances professionnelles

En étudiant la constitution d'une spécialité dans le domaine du journalisme sur les questions d'éducation, Jean Padioleau [1976] illustre la manière dont un système professionnel d'interactions vient s'inscrire dans une écriture.

Au cours des années 1970 se développe en France un groupe limité (quelques dizaines de personnes) de journalistes spécialisés dans les questions éducatives. Ceux-ci sont jeunes, plus diplômés que la moyenne de leurs pairs. Leur entreprise de valorisation de cette spécialisation naissante au sein des rédactions joue dans un contexte particulier. La rareté des scoops dans le domaine éducatif facilite la coopération entre ces spécialistes. Leur rapport aux sources présente la singularité de les mettre en relation avec deux institutions qui détiennent l'essentiel de l'information pertinente (le ministère, la FEN) et à l'égard desquelles un rapport conflictuel est risqué.

Si la promotion du journalisme d'éducation s'appuie sur une panoplie classique de démarches (création d'une association corporative, dîners-débats, prix pour un livre sur l'éducation), elle va surtout prendre la forme d'un registre d'écriture particulier que Padioleau nomme « rhétorique de l'expertise critique ». Il s'agit de combiner à la fois la posture du journalisme objectif et la possibilité d'adopter des positions critiques sans que celles-ci puissent être perçues (à droite par le ministre, à gauche par le syndicat) comme motivées politiquement. Prenant appui sur sa formation universitaire, le groupe va se doter d'une expertise (connaissance des dossiers, des textes, des acteurs) qui permet de construire une image de rigueur, d'analyse synthétique des enjeux. Ce sérieux reconnu permet aussi d'interpeller de façon critique les décideurs sur des enjeux et des choix politiques sans être perçu comme partisan puisque le débat se développe à partir de chiffres, d'une connaissance technique des dossiers éducatifs. La limite initiale de l'exercice suppose aussi une forme d'autocensure dans les thèmes et les angles : des questions susceptibles d'incommoder les sources — ou un lectorat largement enseignant — comme le pouvoir syndical, l'efficacité du système éducatif, le mandarinat sont évoquées avec discrétion, ou laissées à des journalistes généralistes.

Mais si les contraintes sociales formatent et normalisent l'écriture de presse, elles fournissent aussi des points d'appui paradoxaux à la créativité, pour explorer des registres d'expression nouveaux au sein d'un réseau de contraintes.

Info analytique, info Post-it

Fortement codée, l'écriture de presse n'est pas pour autant figée. Son renouvellement ressort d'abord de comparaisons sur de longues périodes. Elles montrent le processus de consolidation d'une dimension analytique et interprétative, au-delà d'un compte rendu positiviste des faits. Le travail de Hervé Brusini et Francis James [1982] consacré au journalisme de télévision éclaire sur la période des années 1950-1960 un processus d'intellectualisation du reportage. La conception initiale de l'information est celle d'un « journalisme d'enquête » désireux de montrer : aller sur place, capter les images et les témoignages, en restituer le brut par des tranches de vie sans artifices de montage, construire le commentaire comme une description de ce qu'a capté la caméra constituent les opérations fondamentales de cette manière d'« empirisme » télévisuel, symbolisé par « Cinq colonnes à la Une ». La fin des années 1960 va voir l'émergence d'une « télévision d'examen » dont la caractéristique est, à l'inverse, de prendre acte de ce que l'image peut tromper, ne pas saisir des causalités. Le dispositif de l'information vise alors à « produire l'invisible », à revaloriser le plateau, l'usage de maquettes, de tableaux, à donner la parole à des journalistes spécialisés qui apportent une expertise capable de modifier et d'enrichir la compréhension de ce qu'offrent les images.

Les tendances ainsi mises au jour ne font que manifester dans la temporalité propre à la télévision naissante un processus déjà repéré par les historiens de la presse [Schudson, 1995]. Un ensemble de travaux convergent pour souligner la puissance d'une tendance vers un journalisme plus interprétatif, où l'exigence de rigueur factuelle se double du dessein de contextualiser. Barnhurst et Mutz [1997] mettent ainsi en évidence dans le cas américain une érosion du « reportage centré sur l'événement », au profit de récits plus longs et moins nombreux, plus attentifs à catégoriser les protagonistes (par des professions, des coordonnées sociales), à contextualiser avec l'aide de spécialistes. Fink et Schudson [2013] mettent pour leur part en lumière la montée en puissance d'un journalisme « contextuel », explicatif, moins focalisé sur les seuls agendas gouvernementaux et politiques, ouvert à une diversité de problèmes publics, sensible aux données sociohistoriques. Il passe en cinquante ans de 10 % à 45 % des articles, au détriment d'un journalisme « conventionnel » qui tendait à répondre aux questions *qui, quoi, quand, où*, mais à moins s'embarrasser du *pourquoi*. S'ils invitent à la prudence, tant la variation des catégorisations (journalismes contextuel, interprétatif, explicatif) et définitions entre pays et auteurs crée du flou, Salgado et Strömback [2011] confirment que ces tendances s'expriment dans une grande diversité de pays.

Dans leur histoire des formes de l'information aux États-Unis, Barnhurst et Nerone [2001] soulignent une autre tendance fédératrice. La mise en pages des journaux met de plus en plus en valeur un souci d'aération, de clarté. Une première page de 1985 contient souvent jusqu'à deux fois moins de mots que sa devancière de 1885. Il y a moins de sujets valorisés en « une », mais ils sont plus développés, les articles sont visuellement mieux séparés, la mise en pages est plus aérée de blancs, de filets. Si ce mouvement est distinct de la montée d'un discours de surplomb, il s'y associe dans la vision du travail journalistique comme opération de sélection, de hiérarchisation, de pédagogie du chaos de faits qu'est l'actualité.

Convergence n'est pas confluence, plus condensé n'est pas toujours plus interprétatif. Une des formes que prend l'information est aussi celle de formats ultra-compacts : ceux des titres de Franceinfo ou d'une part de l'offre des chaînes d'information en continu, *a fortiori* de la page d'accueil de moteurs de recherche. Un article de *Métro* est en moyenne plus court qu'une page du présent ouvrage. Faire concis et clair est un art, et une compétence journalistique. La hantise de perdre l'audience se traduit en culture des brèves, dans l'annonce au cœur des journaux télévisés des sujets à venir, supplique au « ne zappez pas ! » Mais d'où vient l'assurance que le lecteur moyen disjoncterait au-delà de 1 800 signes ? Qui peut expliquer la gestion du Brexit, une crise boursière ou une réforme fiscale en 300 mots simples ? L'apologie de la concision vient aussi masquer un creusement des inégalités informationnelles. Aux mieux dotés en capital culturel et économique, France Culture et *Courrier international*, l'abonnement au *Figaro* et à Bloomberg TV, le journalisme contextuel ou narratif. Pour le grand nombre, une mosaïque d'infos post-it sur les pages d'accueil de moteurs de recherche ou le smartphone, une presse ou des sites utilitaires (santé, loisirs), une actualité condensée sur les *people*, les potins, la programmation télé. Les travaux qui dessine une carte des différences de consommation d'information sont trop rares, ceux qui existent manifestent l'énormité des inégalités tant en quantité qu'en contenus [Goulet, 2010].

Hérésies et innovations

Ce chapitre a souligné combien l'écriture journalistique s'exprimait sous des contraintes pratiques. Mais penser aussi la part créative du journalisme, c'est se demander comment des professionnels de plus en plus scolarisés font face aux frustrations d'un travail souvent décevant, c'est explorer comment elles et ils peuvent jouer de ces contraintes pour innover, faire fleurir des genres nouveaux dans les interstices des normes et difficultés. Les deux vagues du *New journalism* [Wolfe, 1975 ; Leroux et Neveu, 2017] aux États-Unis en sont un exemple. Le genre naît à la fois du désir d'une génération de démasquer les « petites momies » du journalisme établi, de faire des bouleversements des *sixties* et non des nouvelles distillées par des sources officielles la matière

---

Le *New journalism*

« Le truc consistait à trouver un boulot dans un journal [...], à y connaître le "monde", à accumuler des expériences, éventuellement y dégraisser son style, puis, à un moment, quitter froidement le journalisme, filer quelque part dans un taudis, travailler six mois nuit et jour et illuminer le ciel par le triomphe final. Le triomphe final était connu sous le nom de roman. » « Modeste à première vue, humble, déférente, pourrait-on même dire, la découverte était qu'il pouvait être possible d'écrire un journalisme qui se lise... se lise comme un roman. *Comme* un roman, si tu vois le truc » [Wolfe, 1975].

La citation condense l'esprit du *New journalism* des années 1960 : transcender le clivage journalisme/littérature. On ne peut comprendre son existence et ses formes sans relever le rôle joué dans la presse étatsunienne par des magazines (*Esquire*, *Atlantic Monthly*, *Rolling Stone*) ou des suppléments dominicaux qui permettent de publier des papiers de la taille d'un chapitre de roman.

Ce « nouveau » journalisme combine une méthode, un style et des objets.

La méthode est l'immersion : présence prolongée, proche de la posture de l'ethnographe au sein de son terrain. Thompson passera de longs mois à se faire admettre, puis à vivre au sein du Hell's Angels. Les procédés d'écriture seront codifiés par Wolfe [1975]. Comme dans un *storyboard* de cinéma, on construit le texte par enchaînement de scènes. L'écriture valorise les dialogues, restituant le langage, le style des personnes mises en récit. Une grande attention est donnée à la restitution des détails (accents, manières de se vêtir, détails du cadre) qui permettent de faire sens des milieux, des lieux. Un ultime précepte invite à faire jouer au fil des séquences l'alternance des points de vue des divers protagonistes, jusqu'à leur attribuer des monologues intérieurs. « L'idée était de donner la description objective complète, et en plus une chose pour laquelle les lecteurs avaient toujours dû se reporter aux romans et nouvelles : concrètement, la vie émotionnelle et la subjectivité des personnages » [1975, p. 35].

---

de reportages. Mais tout cela n'est possible que par l'émergence ou la réorientation d'une série de magazines, la rencontre avec l'humeur critique d'un public de *baby-boomers*.

La montée récente de « l'affaire » comme véritable forme narrative reposant sur un travail d'investigation et de divulgation publique de comportements tenus pour contraires au droit ou au bien public constitue elle aussi une illustration de la façon dont de véritables patrons d'articles naissent des changements du réseau de contraintes dans lequel évoluent les journalistes. Le travail de Dominique Marchetti [Champagne et Marchetti, 1994] sur le journalisme médical en offre une exploration exemplaire. Spécialité marginale et rare, la rubrique « médecine » était tenue par des médecins-journalistes, se considérant d'abord comme membres du corps médical, célébrant avec déférence les conquêtes de la médecine.

Le *new journalism* se définit enfin par des objets. Miroir d'une Amérique secouée par les changements des années 1965-1975, Il se fixe sur les marginaux (Hell's Angels), les contestataires et révoltés (hippies, Black Panthers), mais aussi sur la manière dont les mutations sociales affectent les vies ordinaires (divorces, angoisses liées au statut social). S'il se prête à des exercices plus convenus comme le portrait des célébrités, c'est en cassant les lois du genre, comme dans le fameux portrait de Sinatra que Gay Talese rédigera sans jamais l'avoir interviewé. Avec l'emphase de son style, Wolfe voit dans ce mélange la « plus importante » découverte de la littérature américaine contemporaine : la naissance, à partir de reportages, d'un « roman non-fiction ».

Un moment éclipsé par ses excès narcissiques, le tarissement de la faconde de ses vedettes ou leur redéploiement vers le roman ou l'écriture de scénarios, ce journalisme connaît une seconde vie depuis les années 1980 [Boynton, 2005]. Moins pyrotechnique dans son écriture, moins m'as-tu vu dans sa mise en scène, il accentue encore la dimension de l'immersion dans des milieux imprévus ou populaires, se confronte plus directement à des problèmes sociaux (Conover, Leblanc), à des situations extrêmes (Junger). Son abondante production montre qu'on peut combiner le plus rigoureux de l'enquête et le plus captivant du récit, transformer les vies les plus ordinaires en leviers pour comprendre de grands enjeux, que sciences sociales, littérature et journalisme peuvent s'articuler.

Quelques illustrations :

Tom Wolfe, *The New Journalism*, Picador, Londres, 1975 (un recueil).
Michael Herr, *Putain de mort*, Albin Michel, Paris, 1980.
Joan Didion, *L'Amérique 1965-1990. Chroniques*, Grasset, Paris, 2009.
Hunter P. Thompson, *Hell's Angels*, UGE 10/18, Paris, 2004.
Ted Conover, *Coyotes*, Vintage Books, New York, 1987.
Adrian Nicole Leblanc, *Les Enfants du Bronx*, Éditions de l'Olivier, Paris, 2005.
Sebastian Junger, *Guerre*, Éditions de Fallois, Paris, 2011.

Le développement des enjeux de santé, la surpopulation médicale qui dévalue le prestige du médecin et rend les carrières plus aléatoires provoquent alors une bascule qui s'amorce dans les années 1970. Elle pousse vers une presse et des rubriques en pleine expansion une nouvelle génération de spécialistes. S'il peut détenir un diplôme de médecin, le journaliste médical se considère d'abord comme un journaliste. Il valorise une posture plus distanciée, critique ou consumériste. Le sida va jouer un rôle décisif pour « démédicaliser » une information de santé qui évoluait déjà en ce sens. Les jeux de concurrence entre rubriques, la course aux audiences à laquelle se livre une presse quotidienne en difficulté, les stratégies de « médiatisation » de certains chercheurs vont alors introduire la logique du scoop, puis celle des scandales (le sang contaminé) dans une rubrique qui les ignorait.

Plus récemment, ce sont les effets combinés de la surinformation superficielle symbolisée par les chaînes d'information en continu et des possibilités offertes par de nouveaux supports qui ont donné naissance aux *slow journalisms* [Le Masurier, 2015 ; Neveu, 2016]. Ils font le pari de ne pas courir après l'écume des événements, de prendre le temps de l'enquête et de la mise en perspective, d'oser demander au lecteur le temps de lire ou de regarder des formats longs. Ils plaident pour une gastronomie de l'information, préparée avec soin, sélective, savoureuse et nourrissante. Ils suggèrent que faire sens du monde où nous vivons peut se faire à l'écart des événements à majuscule, dans les lents mouvements du quotidien et des expériences ordinaires. Ils explorent aussi un autre rapport à d'autres sources (gens ordinaires, innovateurs) qu'il s'agit d'écouter et non de vampiriser. L'exaspération d'une partie des journalistes las de la précarité et d'un travail frustrant de production de mal-info rencontre ici les attentes de publics plus scolarisés, socialisés au multimédia, parfois de sensibilités militantes. Leur rencontre se fait grâce aux ressources d'une mosaïque de sites sur le Web (Long Play en Finlande, Zetland au Danemark, Delayed Gratification au Royaume-Uni), mais aussi par la réinvention de magazines aux formats inédits (*6 mois* pour le photojournalisme), par la redécouverte de ce que le vieux vecteur du livre peut être le support de reportages qui trouvent un large public.

V / Les « pouvoirs » du journalisme

Si le journalisme est objet de tant de discussions, c'est pour une large part que spécialistes et citoyens lui attribuent des pouvoirs considérables. En politique, les défaites sont volontiers expliquées par des erreurs de communication ou un déficit de couverture médiatique. Dans le domaine culturel, un groupe de cinéastes français ont pu, en 1999, signer une pétition accusant la critique d'être à l'origine d'un accueil peu enthousiaste des films nationaux. Le pouvoir des journalistes est encore bien visible quand il met en cause une personne, qu'il s'agisse d'un maire accusé de pratiques de massage suspectes par ses collaboratrices, ou d'une personne qui a vu son nom publié par la presse locale parmi les cibles d'une opération de police contre un réseau pédophile et se suicide.

La question du pouvoir des journalistes mérite d'être débattue. Mais l'utilité des sciences sociales n'est pas de surenchérir sur les discours tenus par ou sur leurs objets. Elle est d'apporter un déplacement du regard favorisant intelligibilité et distanciation. Une problématique du pouvoir conduit dans trois directions au moins. Les évocations grandiloquentes et simplistes de la puissance des journalistes doivent être mises en doute. Ce pouvoir trop souvent identifié à une capacité d'influence immédiate peut cacher d'autres effets puissants sur la durée et doit être redéfini. Enfin, une forme de flou sémantique doit susciter réflexion : le « pouvoir des journalistes » n'est-il pas en fait un pouvoir exercé par un réseau de protagonistes qui ne se réduit en rien aux titulaires d'une carte de presse ?

Un débat à reformuler

Visions enchantées et histoires d'horreur

L'interrogation sur le pouvoir — présumé excessif — des journalistes est aussi vieille que la presse. Chaque changement important dans les réseaux de communication, de la radio à Internet, lui donne une nouvelle actualité à défaut d'arguments originaux [Neveu, 2011]. Les ingrédients de ces discours sont assez peu variés pour qu'on puisse les condenser en quelques repères. Les journalistes disposeraient d'un pouvoir d'influence considérable sur les consciences et les comportements. Ils seraient à même de définir les objets du débat social et d'imposer leurs jugements en la matière. Les plus en vue constitueraient une élite sociale spécifique, capable de faire et défaire les hiérarchies et réputations dans les domaines de la culture et de la politique. L'influence ainsi acquise en ferait à la fois des acteurs clés d'un système politique devenu « médiacratie », les porte-parole, voire les usurpateurs de l'opinion publique et les arbitres des modes intellectuelles et culturelles.

Toutes les interrogations sous-jacentes au modèle ainsi condensé ne sont pas sans pertinence ; il peut même prendre la forme de synthèses cohérentes, comme la « démocratie d'opinion » [Neveu, 2000a]. Cependant, par-delà leur variété, tantôt célébrant le « quatrième pouvoir », tantôt déplorant la puissance d'une *mediaklatura*, ces discours ont en commun de sérieuses fragilités. Ils font volontiers primer le jugement sur l'analyse. Ils sont assez mous pour postuler un pouvoir d'influence tout en se gardant d'en théoriser clairement les modalités ou les limites. Ils font bon marché d'un nombre considérable de faits qui les contredisent. Pour en rester au domaine politique, comment expliquer qu'une large part du lectorat des tabloïds britanniques les plus prothatchériens ait persisté à voter travailliste ? Des enquêtes comme celle de Goulet [2010] dans une cité populaire bordelaise ne montrent-elles pas l'attention floue et très sélective des publics populaires vis-à-vis du gros de l'information politico-économique ? Rien de cela n'entrave cependant la thématique de la toute-puissance des médias : c'est que sa force vient aussi de la croyance et de ses usages sociaux.

Elle permet en premier lieu aux intellectuels de développer un type d'histoire d'horreur capable de susciter une délectation morose et comparable chez les néoconservateurs et chez les héritiers de l'école de Francfort. La matrice en est simple. Elle consiste à opposer un imaginaire âge d'or de l'espace public et de la culture à la « vaste trivialité » [Postman, 1986] que véhiculeraient les médias au détriment de la culture légitime, de l'école et du magistère des intellectuels. L'évocation alarmiste du pouvoir du journalisme est aussi sollicitée par les titulaires de pouvoirs sociaux (élus, dirigeants économiques) peu satisfaits de voir certaines de leurs actions soumises à publicité ou critique. Si elle peut revêtir chez les journalistes eux-mêmes toute une gamme d'expressions allant du *Domine, non sum dignus* au narcissisme, cette revendication d'un pouvoir d'influence fonctionne aussi comme un élément d'enchantement du métier.

L'héritage des « paradigmes dominants »

La croyance au pouvoir d'influence des journalistes peut s'expliquer par un « effet retard ». Entre l'élaboration d'une théorie dans le milieu de la recherche et le moment où elle connaît une diffusion dans un public élargi par la médiation d'ouvrages de vulgarisation, d'institutions scolaires, peut s'écouler un laps de temps suffisant pour qu'une explication connaisse le succès social au moment de son invalidation scientifique. Par ailleurs, une fois une théorie devenue familière, son confort d'usage n'incite pas à la remettre en cause. Ainsi, l'idée, toujours vivace, que la publication d'informations sur des actes criminels suscite par imitation la multiplication de ces comportements sollicite un modèle élaboré par Gabriel Tarde voici un siècle. Si ce modèle peut parfois être éclairant — lorsque les tabloïds britanniques agissent en pousse-au-crime en publiant le lundi un hit-parade des exactions des supporters violents des divers clubs de foot [Murphy *et al.*, 1988] —, de nombreux travaux ont montré que sa capacité prédictive et explicative était très restreinte.

En laissant fermée la boîte noire des mécanismes par lesquels des constructions savantes sont vulgarisées ou trahies, les représentations emphatiques du pouvoir des médias [Derville, 2013] sont débitrices d'un ensemble de traditions de recherche dépassées. En utilisant au pluriel la notion de « paradigme dominant » de la sociologie des médias [Gitlin, 1978], on peut identifier trois de ces traditions. La première, influencée par le traumatisme des régimes totalitaires, est symbolisée, dans les années 1940 et 1950, par le modèle dit de la « piqûre hypodermique » qui prête aux médias un pouvoir d'influence considérable sur des récepteurs réputés passifs. Ce modèle allait se voir remis en cause après guerre. Lazarsfeld mettait en évidence le rôle des leaders d'opinion et des appartenances communautaires comme relais et filtres des messages. L'approche « usages et gratifications » se demandait désormais « ce que les gens font des médias » et non l'inverse. Virage salutaire, virage naïf aussi puisqu'il continue à penser les médias sans pousser la porte des rédactions, plus encore en ce qu'il suggère des récepteurs déterminant souverainement des consommations et des usages, sans questionner les différences d'éducation et de métiers, de ressources culturelles et matérielles [Beaud, 1984]. On mentionnera enfin, dans ce marché de l'occasion des théories recyclées en instruments quotidiens de perception des médias, l'influence intellectuelle persistante de l'école de Francfort et du Habermas de *L'Espace public* [1976] comme matrices d'interprétations alarmistes sur la responsabilité du journalisme dans un déclin du débat public, une montée ininterrompue des logiques commerciales dans l'évaluation et la production des biens culturels.

Les chaînons manquants

S'essayer à reformuler les termes du débat ne signifie pas que l'on dispose des bonnes réponses, mais que de meilleures questions peuvent être posées. Les unes découlent de données maintenant familières. On ne peut plus gloser sur le pouvoir des journalistes sans s'interroger sur l'éventail très ouvert des degrés de maîtrise dont ils disposent sur les contenus rédactionnels. Leur pouvoir et ses limites doivent être pensés comme une relation et non comme une substance cachée dans le coffre-fort du rédacteur en chef, d'où l'importance d'une analyse du fonctionnement des rédactions, du rapport aux sources, d'une économie politique du rapport entre entreprises de presse et journalistes.

Mais la redéfinition du débat vient de mouvements récents de la recherche. Dans le monde anglophone, la problématique des « audiences actives » [Le Grignou, 2003] a renouvelé la connaissance de l'impact des médias. Même si ces travaux se sont autant fixés sur les feuilletons ou les livres que sur l'information *stricto sensu*, une énorme masse de recherches est venue démontrer à quel point les références culturelles et les identités sociales ou politiques des récepteurs pouvaient aboutir à des écarts sensibles dans la réception d'un même message médiatique. Cette effervescence scientifique a pu substituer au récepteur passif la vision populiste [Seaman, 1992] de publics remportant de multiples victoires interprétatives dans le décodage ou le détournement des contenus idéologiques des messages de presse. Elle contribue cependant à une approche plus attentive au jeu des différences sociales dans la réception de l'information. Le défi est désormais de savoir articuler cette analyse à d'autres problématiques récentes qui s'attachent, elles, à saisir le pouvoir de définition des enjeux et des problèmes sociaux auquel contribuent les journalistes. Cet autre chantier [Veron, 1981 ; Comby, 2015] contribue à faire évoluer le questionnement sur le pouvoir journalistique d'une mesure à court terme de ses effets persuasifs vers les effets structurants de discours capables de définir la hiérarchie des enjeux sociaux et les manières de les formuler.

Il ne s'agit donc pas de nier la réalité d'un pouvoir, mais d'être sensible à ses paradoxes. Le premier tient à une dimension de la croyance. Au-delà d'effets souvent malaisément mesurables, le pouvoir des médias est aussi d'accréditer une croyance dans leur influence, qui leur fait attribuer des résultats imaginaires. Il tient aussi à la nature d'une influence qui s'exprime plus en une capacité à définir un horizon de débats et d'enjeux que dans un contrôle orwellien des esprits. La notion de construction sociale de la réalité est galvaudée. Elle demeure cependant pertinente si elle suggère un processus de sélection et de hiérarchisation des faits et dossiers dont une analyse empirique du travail journalistique peut dégager les causes et les régularités. En rappelant ainsi le poids des routines de travail, on saisit un dernier repère. Si le pouvoir politique comporte une dimension volontariste lorsqu'il s'assigne des programmes, les traduit en mesures législatives, le « pouvoir » journalistique s'exprime, lui, plus rarement en « campagnes » ou croisades. Il fonctionne au contraire en bien des cas non parce que les journalistes veulent exercer une influence, exprimer un point de vue normatif, mais parce que les routines et dispositifs destinés à produire une forme de distanciation, de récit objectif ont pour effet de valoriser certains types d'informations et de cadrages.

Dimensions du pouvoir journalistique

Problématiser

Le chat du dessinateur Geluck observe dans une de ses réflexions mémorables que, « en lisant le journal, les gens croient apprendre ce qui se passe dans le monde. En réalité ils n'apprennent que ce qui se passe dans le journal ». La formule donne une idée acceptable de travaux récents qui situent dans un pouvoir de définition et de cadrage des enjeux sociaux l'un des impacts essentiels du journalisme. L'attention portée dans le précédent chapitre à l'écriture de presse offrait une vue pratique de la façon dont l'ordinaire des interactions inscrit dans le matériau discursif cette forme spécifique de construction sociale de la réalité. C'est donc ici vers les effets possibles de ces phénomènes qu'on se tourne.

George Gerbner en théorise un premier par l'intraduisible notion de *cultivation* : elle suggère combien la consommation quotidienne

« Signification prioritaire » et variétés des réceptions

Dans une étude sur la manière dont les Britanniques ont perçu la grève des mineurs face au gouvernement Thatcher, Greg Philo [1990] utilise un protocole d'enquête inventif. Il donne à des groupes tests, socialement homogènes (policiers, mineurs, travailleurs sociaux, etc.), un jeu de photos tirées de reportages télé sur le conflit et leur demande de construire à partir de ces images le scénario d'un petit reportage pour la BBC ou la chaîne privée ITV. L'enquête manifeste la familiarité des publics avec la rhétorique journalistique : la plupart des scénarios intègrent des formules typiques du discours des reporters. Elle suggère aussi une capacité à percevoir les biais nés des impératifs du média, lorsqu'un avocat conservateur convient de la surévaluation des violences en expliquant l'attrait de telles images pour l'audimat. Deux enseignements complémentaires sur le pouvoir du journalisme en ressortent.

Le premier confirme le modèle d'un public actif. Les mêmes images font l'objet de réceptions contrastées. Les participants qui ont une expérience directe du conflit (femmes de mineurs, policiers) tendent à estimer que les images de violence prennent une place excessive. D'autres panelistes imputent d'abord les heurts à la police, soit que leur relation à cette administration soit elle-même marquée par la tension (chauffeurs de bus antillais), soit que des vacances dans un village de mineurs gallois aient laissé l'image d'un milieu chaleureux et paisible. Cadres et professions libérales sont plus critiques devant ce qu'ils perçoivent comme la brutalité des grévistes. Les images les plus mémorisées diffèrent aussi : reprise du travail humiliante pour les mineurs, scènes de soupe populaire en milieu ouvrier, affrontements sur les piquets de grève chez les cadres.

Une seconde leçon tient à ce qui apparaît contradictoirement comme le fort pouvoir de fixation d'une « signification prioritaire », détenu par les reportages. Pour 81 % des membres des groupes tests, la violence demeure le symbole du conflit et polarise la discussion — même chez les soutiens des grévistes. Souvenirs et débats se fixent aussi sur le personnage du leader syndical Arthur Scargill. Mais la question du bien-fondé de la politique de fermeture des puits, celle des choix énergétiques n'apparaissent centrales ni dans le souvenir, ni dans les échanges. La diversité des réceptions n'exclut donc pas l'efficacité d'une forme dominante d'encodage du récit médiatique. Un test en témoigne. Le jeu de clichés présenté englobait une seule image étrangère aux vrais reportages du conflit : une carabine posée sur une table de cuisine. À la question : « Qui possédait cette arme ? », 11 % des répondants la tiennent pour étrangère au conflit, 20 % l'associent à un provocateur, mais 69 % à un gréviste.

de messages médiatiques constitue un environnement culturel qui ordonne le monde *via* des interprétations souvent implicites. Gerbner montre ainsi que l'ethnocentrisme de la télévision américaine, peu ouverte aux informations et productions étrangères, apparaît dans les enquêtes comme liée à une énorme surestimation du poids démographique mondial des États-Unis chez une majorité d'Américains. Un ensemble de recherches s'est également développé autour de la notion d'*agenda-setting* [McComb et Shaw, 1972]. Le terme — qu'on pourrait traduire par fixation d'un ordre du jour — désigne la capacité qu'ont les médias par la sélection des nouvelles de produire une hiérarchisation de l'information et d'exercer ainsi une influence qui n'est pas tant de modeler des comportements que de définir des thèmes dignes de l'attention collective. Ce pouvoir se prolonge dans des cadrages (*framing*) qui constituent une panoplie souvent limitée de modes de traitement d'un sujet et sont autant de filtres qui bloquent la couverture d'événements qui ne rentrent pas dans les cadres et ne disposent pas de relais sociaux. Gamson et Modigliani [1989] ont pu montrer que la prégnance d'une vision de l'atome comme énergie moderne, identifiée au progrès, avait abouti jusqu'aux années 1970 à minorer considérablement l'information sur des accidents non négligeables de réacteurs nucléaires. À travers la notion d'amorçage (*priming*), Iyengar et Reeves [1997] ont proposé un prolongement de ces théories. Agendas et cadrages fonctionnent comme l'amorçage d'une pompe. En rendant des enjeux visibles, ils contribuent à en faire les références à travers lesquelles l'opinion interprète le comportement des décideurs. Pour des raisons en bonne part indépendantes de la campagne présidentielle (chômage persistant, mobilisations de mal-logés), les questions sociales vont ainsi émerger dans la presse française fin 1994, devenant un point de fixation de l'attention publique et une grille de perception des candidatures, non sans profit pour celui qui avait fait de la « fracture sociale » un thème de sa campagne [Gerstlé, 1996].

Peser sur l'opinion

La capacité du journalisme à hiérarchiser et problématiser les événements et les enjeux pointe la question centrale de son influence sur l'opinion publique. Une observation paradoxale peut servir de point de départ. Les journalistes ont perdu un statut de porte-parole direct de l'opinion publique dans l'intervalle des moments électoraux. En France, jusqu'aux années 1960, c'était le panorama des éditoriaux de presse qui apparaissait comme l'expression de cette opinion. Les sondages fonctionnent désormais comme médiation obligatoire de l'expression légitime et scientifique du corps social [Champagne, 1991 ; Blondiaux, 1998]. Les journalistes en ont-ils perdu pour autant la possibilité d'agir comme ceux qui disent l'opinion ? Pèsent sur elle ? La thèse défendue ici est celle d'une modification des formes de ce pouvoir plutôt que son évanouissement.

Observons d'abord que l'essentiel des sondages publiés l'est sur la commande de médias qui en définissent les sujets et que des journalistes interprètent leurs résultats. L'arrivée des sondages a aussi constitué, dans le rapport au personnel politique en particulier, une arme pour les journalistes. À l'autorité, naguère imparable, d'une parole légitimée par le suffrage universel, ils peuvent désormais, eux aussi, opposer une *vox populi* : celle des sondages, fraîche et scientifique. L'usage journalistique des sondages oblige surtout à entrer dans un débat, classique et vif, entre sociologues français. On le formulera cavalièrement : peut-on identifier la publication intensive de sondages à la mise en place d'un forum permanent ouvert par le journalisme au corps social ? Notre réponse est négative. Nullement parce que les sondages seraient par nature pervers. Lorsqu'ils sont conçus et administrés avec rigueur sur des questions qui correspondent à l'expérience des sondés, ils peuvent apporter des informations précieuses. Les vraies objections sont ailleurs [Neveu, 2000a]. Elles tiennent à la confusion entre la nécessaire quête des attentes de l'opinion, comme référent utopique et central du modèle démocratique, et la croyance dans le fait qu'une méthodologie et une seule permet de saisir une « vraie » opinion publique. Elles tiennent aux simplismes en cascade qu'implique l'utilisation monomaniaque du sondage. Il faut poser quelques questions banales mais importantes : les personnes sondées se posaient-elles les questions qui leur sont posées ? Quel est leur stock d'information sur le sujet ? Les réponses recueillies peuvent-elles être interprétées sans équivoques excessives ? Que fait-on des non-réponses ? Que perd-on par l'usage systématique de questions « fermées » où la réponse consiste à cocher une case et non à réagir de façon « ouverte » avec ses mots ? N'existe t-il pas des formes « mobilisées » et autonomes de prise de parole de l'opinion (manifestations, pétitions)? D'autres techniques d'investigation (entretiens prolongés, observations *in situ*) ne peuvent-elles constituer des outils de connaissance de l'opinion ?

Ces questions théoriques ont une incidence pratique pour analyser le pouvoir des journalistes. Le recours au sondage est en effet devenu la forme par excellence de support du débat social. Commanditaires et commentateurs de ces sondages, les journalistes les plus en vue se font les exégètes d'une opinion publique uniquement saisie à travers des utilisations souvent pauvres (questions fermées) d'une technologie qui n'est que l'un des moyens de cerner une opinion par définition fluide et floue. Pareille manière de dire l'opinion induit alors trois risques. L'un est de borner la consultation de l'opinion aux seuls enjeux jugés porteurs ou intéressants par les rédactions ou les titulaires de pouvoirs. Un autre serait de dévaluer d'autres expressions pertinentes de l'opinion comme les mobilisations, l'action d'associations diverses. La surinterprétation d'informations confuses ou peu éclairantes constitue un autre péril dont Daniel Gaxie [1990] donne un exemple lorsqu'une question ouverte — peu utilisée par la presse car financièrement coûteuse — fait découvrir que les « dépenses sociales » qu'une majorité de sondés acceptent de voir réduire sont dans leur esprit le budget de l'armée et les rémunérations des dirigeants de l'État ! Le commentaire journalistique transformerait ici en un ralliement « libéral » à une réduction des dépenses sociales des réponses d'un tout autre sens. Raisonner en termes de « risques » vise à souligner que tous les emplois journalistiques des sondages ne correspondent pas à ces biais, que les journalistes ne peuvent modeler l'opinion à leur convenance. Le journalisme a su apprivoiser et mobiliser une technique d'enquête qui aurait pu affaiblir son influence. L'envers de cette réussite est la difficulté à saisir les mouvements à plus long terme de l'opinion, la mosaïque des vécus et motivations qui engendrent les pourcentages publiés.

Consacrer

Le pouvoir collectif des journalistes tient aussi à leur capacité de consécration. Une bonne revue de presse, des invitations régulières peuvent contribuer au succès d'un livre, d'un film, d'un artiste ou d'un intellectuel. L'observation peut n'être que le rappel banal du rôle de publicité que joue la presse pour les productions culturelles, les débats sociaux. Elle devient plus originale si elle s'arrête sur une observation formulée par des auteurs aussi différents que Pierre Bourdieu, Régis Debray, ou Raymond Boudon. Avec des conceptualisations différentes, ceux-ci soulignent que le processus de consécration médiatique d'un universitaire (Aron) ou d'un romancier (Camus) supposait hier que celui-ci soit d'abord reconnu par des verdicts de pairs au sein du champ universitaire ou littéraire. Or un mécanisme de court-circuit s'est mis en place depuis les années 1970 : des producteurs faiblement ou nullement reconnus au sein des champs de production culturelle spécialisés en contournent les verdicts et les exigences pour accéder, par la reconnaissance des médias, à une consécration publique. On pensera, pour ne pas rester dans le vague, à la fortune médiatique d'Alain Minc ou de BHL. Ce circuit court de consécration ne se limite pas à offrir une voie dont on pourrait penser qu'elle promeut des producteurs peu inventifs mais bons vulgarisateurs. Le champ journalistique exerce là par ricochet de puissants effets sur un ensemble de champs de production culturelle. Il contribue à promouvoir des types d'œuvres qui correspondent aux thèmes de débats définis par lui, semblent aptes à susciter l'intérêt du plus vaste éventail de

Qui a gagné ?

Deux débats télévisés peuvent illustrer le pouvoir d'influence des verdicts de presse et la manière dont s'y greffent les usages des sondages.

Le premier oppose fin 1985 Laurent Fabius, alors Premier ministre, et Jacques Chirac. Un sondage téléphonique réalisé à chaud à l'issue de la confrontation interroge 586 personnes qui ont suivi le débat. 39 % des répondants voient Chirac vainqueur, contre 25 % pour Fabius. 36 % n'identifient pas de gagnant. Ce verdict donne un avantage à Chirac mais invite aussi à une interprétation prudente : 61 % des sondés ne l'ont pas vu l'emporter. Quant à l'échantillon, s'il peut représenter les téléspectateurs qui ont vu le débat, la nature même du public de ces émissions interdit de les identifier à l'ensemble des Français. Les chiffres du sondage vont cependant constituer dans les jours suivants un point d'appui des éditorialistes pour commenter ce qui est devenu la « défaite » de Fabius. L'effet de verdict des premiers articles est si fort que certains journalistes (Serge July) durciront leur critique d'un édito à l'autre. Tenu pour battu aux points le dimanche soir par une procédure d'évaluation sommaire, le Premier ministre apparaît une semaine plus tard, par l'amplification journalistique de ce verdict, comme nettement dominé et jugé moins bon par l'opinion.

Le face-à-face présidentiel Ford-Carter de 1976 aux États-Unis offre un autre cas de figure. Un sondage comparable à celui réalisé en France donne à chaud 53 % d'opinions dans le sens d'une victoire de Ford. Mais les éditorialistes se polarisent dans les jours suivants sur une « gaffe » de celui-ci passée relativement inaperçue (il a qualifié la Pologne d'« indépendante » de l'URSS). À l'issue de cette mobilisation des journalistes les plus en vue, un second sondage donne huit jours après Carter vainqueur rétrospectif pour 58 % des sondés.

Ces exemples suggèrent à la fois (France) combien les sondages peuvent être une ressource interprétative qui permet aux journalistes de parler pour et au-delà de l'opinion, mais aussi (États-Unis) qu'ils peuvent peser sur cette opinion sondée. Il faut cependant ajouter — spécialement dans le cas français — que cette marge d'interprétation et de redéfinition de l'opinion est d'autant plus forte que, pour la majorité du public (qui n'a pas vu le débat), l'événement est connu par ce que la presse en dit... et que des sujets plus « vécus » ne permettraient pas ces prouesses de ventriloquie en matière d'opinion publique.

Source : Ranney [1983] ; Champagne [1991].

consommateurs et incorporent à cet effet à la production intellectuelle ou artistique des standards formels proches de ceux de l'écriture journalistique. Une part du journalisme devient ainsi le cheval de Troie de logiques hétéronomes au sein d'espaces culturels (édition, arts) qui s'étaient précisément construits historiquement en organisant des dispositifs de mise à distance des effets mécaniques du marché [Bourdieu, 1996]. L'institution de l'islamophobie en genre littéraire, entre mélodrames à la Khadra et « témoignages » aux titres affriolants (*Vendues, Brûlées vives...*), serait un bon exemple de ces évolutions. Tout essai, roman ou récit d'atrocités sexuelles ou d'oppression de genre — un monopole musulman ? — recevra une couverture médiatique généreuse que ne peuvent espérer des enquêtes documentées ou érudites. Au-delà de ce cas, des processus se dessinent. Le moins neuf tient à la désinvolture avec laquelle sont souvent traités les biens culturels. Claquant la porte du *Grand Journal* de Canal +, le chroniqueur Olivier Pourriol signalait en 2013 la technique qu'il y avait découverte pour parler d'un livre : lire la page 1, la page 100 et la dernière page. Plus stratégiquement, d'exercices promotionnels [Davis, 2013] en prix décernés par les médias [*Réseaux*, 2003a], l'économie de la consécration culturelle a vu son centre de gravité glisser du verdict des pairs à celui des médias, modifiant au passage les critères de l'excellence. La télévision est le foyer de cette action « par ricochet », elle met souvent au principe de l'excellence culturelle la capacité à maximiser les audiences, l'adéquation au sens commun, la rentabilité, critères auxquels les entreprises culturelles ne peuvent rester sourdes.

La difficulté d'interprétation de ces évolutions est d'en cerner les limites pour éviter de produire une version sociologique des nostalgies d'un âge d'or imaginaire. Une des tâches auxquelles doivent s'atteler les chercheurs est donc de produire une théorie précise de l'inégale force de l'effet cheval de Troie. Le degré d'ésotérisme, la force d'une police interne et la présence (ou non) de forts enjeux sociaux constituent de premiers paramètres explicatifs. Ils éclairent la relative perméabilité des sciences sociales face au journalisme. À l'inverse, l'affaire dite de la « mémoire de l'eau » a pu manifester combien le soutien de la presse contre les pairs demeure dans les sciences de la nature une stratégie peu efficace [Kaufmann, 1993]. Par ailleurs, la tendance à la consécration d'œuvres anticipant sur les logiques journalistiques ne progresse pas du même pas dans tous les segments de presse. Il arrive aussi que les journalistes contribuent à la promotion d'œuvres consacrées au sein de champs de production culturelle restreints (« nouvelle histoire » et romans latino-américains naguère, polars scandinaves récemment). Mais les listes des meilleures ventes ou des films *blockbusters*, publiées hebdomadairement, suggèrent que telle n'est pas la tendance dominante.

D'autres constats permettent aussi de ne pas sacrifier à une mythologie de l'omnipotence journalistique. Certains champs sociaux sont fortement imperméables aux interférences des verdicts médiatiques. Tel est le cas du champ économique. La majorité des titres de presse appartiennent à des groupes économiques. Les budgets publicitaires sont un autre levier d'influence. Les journalistes peuvent transformer en vedette jusqu'à un patron peu compétent (J.-M. Messier), rarement

Journalisme financier, journalisme sans pouvoir ?

Pourquoi, à de très rares exceptions près, les journalistes économiques et financiers n'ont-ils pas alerté sur la possibilité d'explosion des bulles boursières, n'exerçant pas un pouvoir qui eût été fort utile ?

La logique d'une presse utilitaire

Aux États-Unis comme en France, l'essentiel de la presse économique est fait par et pour les acteurs de la finance et des marchés. Elle doit livrer un flux constant d'informations fraîches et utilitaires sur les entreprises, les marchés, qu'elle reçoit ou va chercher chez les acteurs, dans une logique descendante. La dimension de l'investigation est peu présente, parfois même tenue pour indésirable. Murdoch mettra ainsi au placard une des rares journalistes du *Financial Times* annonçant la crise, au motif que ses enquêtes avaient la « durée de gestation d'un lama ».

L'effet de la complexité

Ne serait-il pas d'utilité publique d'alerter sur un possible krach ? Bien sûr que si, mais les produits financiers ont atteint un tel niveau de complexité, la spécialisation au sein du monde de la finance est si poussée que même des professionnels ne maîtrisent pas tous les mécanismes, avouent peiner à comprendre certains montages, et les expliquer pédagogiquement à un rédacteur en chef et *a fortiori* à un public élargi est un redoutable défi, comme le vérifiera tout lecteur de l'enquête de Denis Robert sur Clearstream.

Le verrouillage par les sources

Le monde de la finance n'est pas un modèle de transparence. La loi du silence, le secret professionnel et la garde vigilante d'un énorme réseau de communicants restreignent l'accès direct des journalistes aux échelons supérieurs. Les pratiquants de l'investigation ne sont pas encouragés. Le rapport de force numérique, juridique, cognitif est du côté des banquiers et de leurs avocats et chargés de com'.

peser sur l'évaluation des grands des affaires. Bien que fonctionnant dans une symbiose profonde avec le journalisme, le champ politique lui-même préserve sur des points clés une forte autonomie. La définition des thèmes de débat politique reste largement tributaire des logiques internes au champ. Les journalistes politiques revendiquent pourtant volontiers le pouvoir d'adouber de nouvelles personnalités politiques, en court-circuitant les appareils de parti par l'invitation dans une émission politique. Un recensement opéré par Éric Darras [1995] sur 332 invitations montre la rareté de tels cas. Les grandes émissions politiques de la période 1982-1993 ont accueilli dans 90 % des cas des hôtes au préalable consacrés par le champ politique lui-même (ministres, dirigeants de parti). Ce degré d'imperméabilité aux verdicts journalistiques constitue sans doute un indicateur pertinent de l'autonomie réelle d'un champ et de son potentiel de pouvoir social.

Le trop de proximité

Tenus à distance, les journalistes financiers sont aussi sur un plan intellectuel et épistémique très proches du monde de la finance. Ils adhèrent aux valeurs et logiques de l'économie financiarisée, croient en son autorégulation, son utilité sociale. Et lorsque certains en viennent à nourrir des doutes, ils hésitent à publier des articles alarmants par peur de susciter la Crise. On notera ironiquement que, sur les trois journalistes qui avaient annoncé le krach de 2008, l'une avait une formation d'anthropologue, un autre — venu du fait divers — avait identifié le danger des prêts hypothécaires… en observant *via* du porte-à-porte en quartier populaire le nombre sidérant de prêts hypothécaires irresponsables.

Le syndrome de la productivité

Entre 2000 et 2010, le nombre de journalistes financiers aux États-Unis a été réduit de 25 %, le nombre de gros papiers annuels produit par un collaborateur du *Wall Street Journal* passant dans ce temps de 80 à 140… Rien de cela ne favorise le temps long de l'investigation.

Que tirer de cet exemple portant sur un enjeu énorme ? Qu'il y a bien des univers sociaux fortement clos, peu sensibles au « pouvoir » des journalistes et disposant de ressources juridiques ou communicationnelles supérieures à celles de la presse. Que l'impuissance critique des journalistes doit moins à leur soumission à des ordres venant d'en haut qu'à un paradoxal cocktail d'opacité des activités et de captation par les croyances du monde qu'ils couvrent. Que s'il existe aussi une information économique critique, distanciée (*Alternatives économiques* en France), elle est doublement inaudible au gros des agents économiques et politiques qui ne la lisent pas et considèrent les alarmes comme exerçant une critique idéologique *a priori* contre le modèle économique qu'ils tiennent pour naturel.

Sources : Manning [2012] ; Davies [2013] ; Starkman [2014].

Un pouvoir en réseau

L'équivoque qui menace toute réflexion sur le pouvoir des journalistes est celle de la confusion entre la partie et le tout, par l'attribution aux seuls journalistes de capacités d'influence qui naissent en réalité d'un réseau d'interdépendances où aucun protagoniste — et surtout pas les journalistes — ne dispose seul de la maîtrise du résultat final. Ce réseau n'est désormais plus mystérieux. On rappellera le poids des sources institutionnelles, leur capacité à « indexer » la hiérarchie des problèmes et à définir des « cadrages » des enjeux. On y associera le savoir-faire promotionnel dont disposent des entreprises et des associations. Les acteurs du travail permanent de construction d'une hiérarchie des problèmes publics sont aussi des entrepreneurs de causes (mouvements sociaux, personnalités, experts) qui mobilisent toute une palette de ressources (notoriété, appui de l'opinion, autorité scientifique, émotion d'un témoignage) au service des enjeux qu'ils souhaitent transformer en débats publics. La promotion dans les médias de l'illettrisme au rang de problème public est inséparable de la mobilisation d'un réseau complexe d'acteurs associatifs (ATD Quart Monde), de personnalités, de commissions officielles [Lahire, 1999].

La référence à un réseau d'interdépendances réintroduit une dynamique relationnelle dans le débat sur le pouvoir journalistique. Elle comporte aussi un risque d'affadissement conceptuel, faisant s'évaporer la question du pouvoir dans un écheveau confus d'interactions aux protagonistes multiples. Il faut donc, pour parodier Orwell, rappeler que le réseau associe des protagonistes dont certains sont « plus égaux que les autres ». Tel est le cas des sources étatiques, des porte-parole des groupes de pression les mieux organisés, plus largement des acteurs disposant d'une proximité sociale à l'élite des journalistes. Mais en rester à cette observation serait encore limiter la carte du réseau à une dichotomie source/journalistes. Or ces derniers sont aussi confrontés, dans leurs entreprises, aux influences du champ économique qu'il convient d'expliciter.

VI / Un nouvel écosystème des journalismes

Les années 1960-1980 furent une époque faste pour le journalisme. Il a vu ses effectifs croître dans la plupart des pays démocratiques. La chute de nombreux régimes autoritaires au Sud puis à l'Est rouvre des espaces d'expression critique à un métier libéré d'une partie au moins de ses entraves, comme l'illustrent les reportages — l'un d'eux sur les soldats soviétiques revenant d'Afghanistan — de la journaliste biélorusse Svetlana Alexievitch [2015]. L'époque est aussi celle d'une grande créativité. Ce sont les reportages immersifs, au style brillant ou provocateur, du *New journalism* dans le bouillonnement politique et culturel des États-Unis. Ce sont en France la création de *Libération*, mais aussi celle de dizaines de magazines sur des hobbies ou des enjeux pratiques, le bouleversement des débats sociaux par les radios libres puis des émissions inventives à la télévision. Ce sont encore les reportages surprenants du Polonais Ryszard Kapuscinski sur la chute du Shah d'Iran ou du Négus éthiopien, le dérangeant travail caché de l'Israélien Yoram Binur [1998] sur le traitement réservé à la main-d'œuvre palestinienne.

Les tendances du récent quart de siècle sont tout autres, au point qu'actualiser un ouvrage sur le journalisme oblige à conjuguer les notions de crise, de déclin et de défis. Un livre déjà vieux de dix ans de Bernard Poulet [2009] explorait l'hypothèse, peu rassurante pour les journalistes, de la « fin des journaux ». Cette crise, comme bouleversement sans précédent historique de la profession, est toujours d'une dévastatrice actualité. Un élément nouveau tient cependant à ce que, sans être assurés que le bout du tunnel soit proche ni que le paysage qu'il révèle soit riant, les contours d'un autre monde du journalisme deviennent intelligibles.

Les premiers blocs de ce chapitre se fixeront sur une analyse des ébranlements qui affectent le journalisme. Ils sont triples. C'est tout le système de production et de diffusion de l'information qui se redéfinit sous nos yeux. Ce processus se fait sur fond de crise économique de la presse, dont l'ancien mode de financement s'effondre sans qu'une nouvelle « formule économique » soit stabilisée. Précarisée, victime de coupes sombres et de la concurrence d'autres producteurs d'information, c'est aussi l'identité journalistique qui se trouble. Ces constats conduiront à un quatrième thème : l'exigence de penser le journalisme dans le cadre d'une nouvelle écologie de l'information. On verra alors que si celle-ci ne promet pas qu'un avenir radieux, elle rend bien identifiable tant les besoins de nouvelles régulations que l'émergence de multiples innovations qui ont en commun de chercher à transformer des contraintes inédites en leviers de créativité.

Un nouveau régime informationnel

Dans une synthèse ambitieuse, Delli Carpini et Williams [2011] montrent comment l'ère des médias audiovisuels (radio, télévision) avait structuré un « régime médiatique » de l'information de masse (*broadcast news*) qui régissait production et diffusion. Il reposait sur une relative concentration du flux d'information où une large part de la population suivait la grand-messe des journaux de 20 heures — ceux des *networks* aux États-Unis, du trio TF1-France 2-France 3 en France —, où la lecture du quotidien régional ou celle d'un tabloïd en Angleterre était bien répandue. Ce régime reposait aussi sur la distinction entre des genres bien définis et identifiés par les publics : les programmes d'information sont d'une autre nature que ceux de loisirs ou de jeux. Cette grande division reposait sur une épistémologie implicite. Informer, c'était se situer sur le terrain du factuel et du vérifié, c'était prétendre faire sens du monde d'une manière qui ne déroge pas trop à une valeur d'objectivité. Pour être libre, l'information était aussi régie par un discret élitisme démocratique. Ce principe comportait deux conséquences. L'une se nomme *gate-keeping* : l'agenda médiatique reposait sur un filtrage définissant les choses importantes, constituées comme telles par des gens eux-mêmes importants — journalistes titulaires de carte professionnelle et rédacteurs en chef, élus et responsables économiques, autorités de divers champs (sport, art). Un krach boursier, la démission d'un gouvernement ou une médaille d'or olympique étaient dignes de franchir le filtre qui sublime des faits en information. Ne pouvaient prétendre à cette dignité un épisode d'intimité sexuelle entre un président des États-Unis et une stagiaire, les sorties en scooter d'un autre président ou la vie quotidienne d'un salarié précaire. L'autre était un principe de verticalité. L'information descendait vers un grand public illégitime à en fixer contenus et hiérarchies, se contentant d'en faire la matière de conversations.

Ce système s'est graduellement écroulé à partir des années 1990. Le brouillage des genres s'amorce avec les *reality shows* [*Réseaux*, 2003b], l'invitation des politiques sur des plateaux où ils côtoient sans les surplomber artistes ou célébrités de l'heure. Mais il va bien au-delà quand une série comme *The Wire/Sur écoute* suggère une vision plus profonde et plus éclairante de l'Amérique urbaine que bien des reportages sensationnels, quand des jeux à élimination comme *Survivor* ou *Le Loft* suscitent des débats — que la politique peine à faire embrayer — sur le vivre-ensemble, les dilemmes moraux de la compétition, les formes de la solidarité. L'érosion accélérée du régime d'hier naît aussi de la multiplication des sources d'information *via* les sites Web, les blogs, la prise en charge d'un travail de production de leur propre information par une foule d'acteurs : associations, administrations, entreprises. La désaffection des générations jeunes pour la presse écrite et la télévision traditionnelle donne un autre ressort du changement. On peut objectiver cette évolution dans la part décroissante des grands médias traditionnels dans les audiences, la production du nombre de nouvelles, de sujets et images qui circulent. L'effritement, c'est encore celui du *gate-keeping* puisque la possibilité de mettre en ligne une image, une information, une vidéo est ouverte à tous par Internet et que les réseaux sociaux en modifient les conditions de dissémination…, qu'il s'agisse de dévoiler un fait choquant ou de faire grossir un bobard.

De nouveaux principes organisent le nouveau régime de l'information. Une part inédite d'horizontalité au sein des publics, *via* les réseaux sociaux, vient faire opposition au règne du vertical. Une « multiaxialité » des flux d'information naît de la multiplication de ses producteurs, des objets traités. Le modèle *broadcast* est rogné de deux côtés : par les médias et publics de niche, qui créent des bulles informationnelles comme la « fachosphère », par la diffusion virale de vidéos, comme le coup de gueule de Jacline Mouraud contre la fiscalité automobile qui atteint en décembre 2018 7 millions de vues en dix jours. La notion d'hyperréalité suggère une prise de distance aux épistémologies réalistes. Elle souligne un pouvoir croissant des médias de constituer des faits en informations selon des logiques qui subvertissent les définitions antérieures de l'important. L'affaire Clinton-Lewinsky en 1998, l'alerte au burkini pendant l'été 2017, l'étirement du feuilleton de l'affaire Benalla en 2018 en seraient des exemples. Un dernier trait du nouveau régime d'information est aussi sa fluidité, son imprévisibilité du fait de rapports de force plus mobiles, de l'affaiblissement de la verticalité. Les révélations d'un groupe mobilisé, mais aussi une intox peuvent soudain faire le *buzz*. Ce nouveau régime médiatique ébranle la centralité du journalisme qui y perd son quasi-monopole de l'information légitime, voit son influence sur agendas et *gate-keeping* se rétracter. D'autres producteurs d'information apparaissent à toute une série de publics comme traitant de sujets plus plaisants, plus utiles, plus proches de leurs attentes, tandis que les réseaux sociaux élargissent un espace de conversation sur l'info au-delà du cercle des proches, du dialogue asymétrique d'un courrier des lecteurs.

Une activité économiquement sinistrée

Le choc des changements vécus par les journalistes est amplifié par la situation économique de leur activité. Décrire sans nuances un monde de la presse au bord de la ruine serait inexact : beaucoup de titres de presse magazine en particulier demeurent rentables. Mais, dans le secteur qui a symbolisé le cœur du monde journalistique et de sa contribution à une idée d'espace public, la presse écrite d'information, parler de situation catastrophique n'est pas un cliché. Des tendances lourdes se sont combinées. La première tient au déplacement des budgets publicitaires vers la télévision, puis vers Internet. Sur la seule période 2008-2015, la part de la presse écrite est passée de 35,6 % à 21,6 % des budgets publicitaires. Les rentables petites annonces ont virtuellement disparu, migrant vers leboncoin.fr. Dans le même temps, l'érosion des lectorats a pris des proportions parfois sidérantes. Les quotidiens parisiens tiraient en 2000 à 2 186 000 exemplaires par jour, les régionaux à 6 719 000. Les chiffres sont en 2017 de 1 442 000 (dont 285 000 abonnements en ligne) et 4 430 000 (dont 159 000 abonnements en ligne). Il s'agit d'une baisse d'un tiers en dix ans, qui n'est qu'à moitié compensée par le tirage de 1 768 000 quotidiens gratuits en 2017. La décennie 2000-2010 a aussi vu les ventes de quotidiens baisser de plus de 15 % en Allemagne, de plus de 25 % en Italie et en Grande-Bretagne. Vendu à 170 000 exemplaires en 2000, *Libération* est passé à 76 000 ventes en 2017. Même la presse régionale, jusque-là préservée, recule : *Ouest France* a perdu 110 000 ventes par jour entre 2001 et 2017.

Market-driven journalism

La situation tendue de nombreux titres a amené patrons de presse et rédactions à chercher des solutions qui ont plus souvent consisté à rationaliser la gestion qu'à s'interroger sur l'attractivité des productions. Ce mouvement a connu des temporalités différentes selon les pays. Il s'est déployé aux États-Unis dès les années 1980 dans un contexte de prospérité des titres où il s'agissait littéralement de traire les médias pour en tirer des marges de profit allant jusqu'à 20-30 %, impensables dans la plupart des secteurs [Benson, 2017a]. Le modèle de Tunsdall [1971] est désormais connu. Il associe les structures gigognes de l'« entreprise de presse », visant le profit, et de l'« entreprise de production d'information » qu'est la rédaction, soucieuse de faire sens des événements sans se contenter de complaire aux annonceurs ou d'avoir l'œil rivé sur la seule rentabilité. L'opposition *State vs Church*, l'image d'une cloison préservant la logique éditoriale d'une absorption par les impératifs commerciaux, symbolisait cette tension. La tendance internationale est à une porosité croissante de cette cloison, à une montée en puissance de l'influence des managers et gestionnaires jusque sur les contenus, dans un *market-driven journalism* ou « journalisme de marché » [Underwood, 1993 ; McManus, 1994]. Les recettes sont simples dans leur principe et pas infiniment variées. La première consiste à donner priorité aux rubriques jugées les plus propices à maximiser les publics. Le choix managérial réalisé en 1995 par le *Miami Tribune* [Cook, 1998] est parlant. Les rubriques ont été ramenées à neuf jugées « utiles et importantes » par des études de lectorat : éducation, sport, environnement, pouvoir local, santé, faits divers, Floride, Amérique latine, consommation. Ce type d'arbitrage, qui constitue une évolution internationale, se traduit par la montée des *soft news* et d'une information-service, le déclin corrélatif de la couverture de l'étranger, des politiques publiques. L'économiste Hamilton [2006] invite à reformuler les fameux cinq W du journalisme dans le langage de la rentabilité. Qui est intéressé, qui est prêt à payer pour une information ? Où localiser cette demande solvable ? Quand et pourquoi cette demande est-elle profitable ? Une hiérarchisation des rubriques vendeuses se complète de la prime aux informations à fort contenu émotionnel, à la vitesse de couverture. Une seconde recette consiste à réduire les effectifs des rédactions par des plans sociaux ou des licenciements, afin de faire baisser les coûts salariaux. Le même objectif est atteint par la précarisation massive des journalistes ou l'externalisation de la production vers des armées de pigistes. Les stratégies marketing ont aussi pris la forme d'un travail sur les maquettes et la mise en page pour améliorer la lisibilité et l'attrait des journaux et magazines. Elles ont aussi tiré profit du potentiel d'Internet pour proposer des abonnements en ligne à des prix très inférieurs à ceux des abonnements papier (100 euros par an contre 300 euros pour *Le Monde* en 2018), ou pour « monétiser » les contenus en ligne.

L'introuvable « formule économique »

Le paradoxe de cette surenchère de rationalisation managériale tient à son peu d'efficacité, si ce n'est pour tuer la poule aux œufs d'or dans le cas des États-Unis, sur la séquence 1980-2000. Brandewinder [2009] tire un bilan ambivalent des interventions des consultants qui renouvellent les formules des journaux. Si leur présence peut susciter des débats, houleux ou constructifs, dans les rédactions, il est rare que leurs préconisations exercent des effets durables à une diffusion uniquement en ligne. Ce qu'un dirigeant de *Métro* nomme « distribution fine » s'exprime en fait dans une double sélectivité : cibler le public de jeunes urbains actifs qui intéresse les annonceurs, donc ne pas diffuser dans des zones à faible densité avec des habitats populaires ; suspendre la publication une partie de l'année quand le public est réduit par des vacances. Krachs boursiers, tsunamis et révolutions sont donc invités à éviter juillet-août pour être portés à la connaissance du public. Quel que soit le talent des journalistes, l'exiguïté des équipes et des budgets interdit une information fouillée ou originale, *a fortiori* les informations stratégiques pour des décideurs que peuvent offrir des lettres à diffusion restreinte, les abonnements très coûteux comme le « club » du *Financial Times* où une cotisation de 1 700 livres par an donne accès à des informations confidentielles [Poulet, 2009]. En ce sens, les gratuits participent de ce que Dominique Memmi caractérise ironiquement de « retour de la troisième classe », disparue depuis des décennies des transports en commun, avec cette particularité que cette offre ne vise pas ici les pauvres. Une presse gratuite, rentable, de qualité et indépendante... Combien d'adjectifs sont en trop dans cette liste ?

L'émergence des gratuits a coïncidé dans le temps avec la stratégie de nombreux titres payants, offrant en accès libre une bonne part de leurs contenus sur le site Web pour y initier et développer le trafic. Un pareil choix pouvait être inévitable pour amorcer la fréquentation des sites. Son effet, combiné à l'offre de gratuits, à la reprise de contenus de presse sans grand souci des droits du producteur par les GAFAM, a été d'alimenter une culture de la gratuité dans laquelle l'information n'est pas quelque chose qui doive se payer. L'idée n'est pas en soi scandaleuse, et réfléchir à ce que pourrait être le régime politique, juridique et économique de production et de diffusion d'une information gratuite et de qualité, dégagée de l'influence des sources et pouvoirs, peut constituer un beau défi. Mais, comme le souligne Rebillard [2006], une part croissante de l'information disponible en ligne correspond à des pratiques de recyclage, de clonage ou de déclinaison de nouvelles produites ailleurs.

sur un redressement financier des titres. Souvent, les suggestions aboutissent à affadir les singularités d'un média quand les « filets » couleur bleue du *Figaro* migrent à *La Tribune*, quand les nécrologies de *The Independent* ont leurs clones au *Monde*, et que les mêmes rubriques pratiques, importées de la presse magazine, se diffusent partout. Les baisses de coûts peuvent provoquer des améliorations passagères de la rentabilité, mais, se doublant de baisses de qualité, elles n'élargissent guère les publics. Si elles peuvent traduire des contraintes économiques incontournables, les réductions d'effectifs appauvrissent le potentiel d'enquête des rédactions, la spécialisation des journalistes. Elles rendent les rédactions plus perméables aux pressions des sources quand un dossier de presse aimablement fourni peut promptement être transformé en article dans une rédaction surchargée. Dans un contexte où la plupart des rédactions doivent alimenter une version papier et un site Web qui doit recevoir au moins une contribution fraîche par heure et être enrichi de vidéos, le mouvement de ciseaux entre moins de main-d'œuvre et plus de rédactionnel à fournir engendre le syndrome de la « roue de hamster » [Starkman, 2010]. Les journalistes, moins spécialisés, moins encadrés par un secrétariat de rédaction, dépensent une énorme énergie à alimenter journal et site. Le nombre d'articles produits par la rédaction du *Wall Street Journal* était de 22 000 en 1990, chiffre atteint en un semestre — sans compter les textes dédiés au seul site Web ! — en 2010 avec 13 % de journalistes en moins. Et le mouvement fou de la roue repose plus sur les informations fournies par sources et communicants — qui sont rarement celles qui gênent — que sur une ligne éditoriale réfléchie.

La formule économique qui rende rentable une presse dont le support premier devient Internet reste à trouver. Une réponse partielle réside dans la « monétisation », sous forme de retour aux abonnements, de microcontributions pour lire un numéro, une série d'articles. L'exercice est périlleux car l'expérience montre que restreindre au minimum les articles en accès gratuit provoque une chute sensible du trafic sur le site, et menace alors les recettes publicitaires fondées sur les « clics ». Obtenir la masse d'abonnements qui permet d'atteindre la rentabilité apparaît comme plus réalisable sur des médias « haut de gamme » [Carson, 2015], offrant un service original (*Mediapart* en serait l'exemple), ou sur des titres de niche (information économique, journalisme narratif). Une autre stratégie peut consister à utiliser l'image de marque d'un titre pour lui associer des produits rentables : livres, organisation d'événements culturels, de débats. Mais, comme on va le voir, il faudra aussi plus d'imagination pour ne pas faire de la production d'informations la danseuse financée par des activités commerciales qui en sont éloignées.

Une identité professionnelle à réinventer

Beaucoup des évolutions des métiers de journalistes suggèrent les registres de la dévaluation et de la démoralisation. Malgré la puissance persistante d'une « vocation » chez beaucoup des nouveaux et nouvelles entrant-e-s, il n'est pas toujours facile de s'enthousiasmer quand le parcours d'entrée est fait de semestres et d'années de piges, de précarité, de tâches mal payées, demandant une grande polyvalence. Il n'est pas aisé de trouver le bonheur au travail en tournant frénétiquement dans la « roue de hamster ». On est loin des mythes exaltants du journaliste enquêteur quand la réalité du travail est de rester scotché dans la salle de rédaction en *open space*, en n'ayant pour tout contact avec le monde réel que le terminal d'ordinateur et son téléphone portable. La capacité à prendre le temps et la distance de la réflexion est menacée par la logique de convergence qui amène un journaliste à contribuer au support écrit, au site Web, parfois aux productions radio et télévision, à se trouver de ce fait sans cesse sous la pression d'actualiser, de décliner ses contributions [Klinenberg, 2000]. Un effet des logiciels qui bloquent les articles à tel nombre de signes est encore d'introduire en quelque sorte un relais du secrétaire de rédaction dans chaque poste informatique. On peut ajouter à cela que l'image sociale des journalistes est des plus négative dans tous les sondages qui l'explorent (mais n'y avait-il pas quelque masochisme à commander, comme l'ont longtemps fait *Télérama* et *La Croix*, un sondage toujours catastrophique sans se demander ce que voulait dire l'avis d'un échantillon représentatif — donc composé à 30 % des Français qui disent ne pas suivre les nouvelles, et à 60 % de non-lecteurs de quotidiens — qui mettra majoritairement en doute la crédibilité de la presse écrite [Champagne, 2015] ?). C'est dans ce climat morose que se joue un glissement de beaucoup de pratiques professionnelles.

Vers le journalisme de communication ?

Utilisant la méthode du « type idéal » qui stylise le réel pour le questionner, trois chercheurs québécois [Brin *et al.*, 2004] voient un journalisme de « communication » succéder à celui d'information dont on a vu la naissance à la fin du XIXᵉ siècle, avec son écriture, sa revendication d'objectivité, le caractère central du reportage. Comment expliciter cette rupture ?

Le journalisme de communication est celui d'une époque d'hyperconcurrence entre médias omniprésents dans la vie quotidienne, capable de couvrir en direct presque toutes les actualités. Cette concurrence se livre aussi au sein d'un même titre entre services, entre journalistes. Cette lutte pour l'attention donne une place centrale à la captation d'auditoires sursollicités, à la maintenance du contact. Le bon journaliste serait désormais plus celui qui retient l'attention — et l'audimat — que celui qui restitue cliniquement le réel. L'humour, la connivence, une subjectivité non réductible à la partisannerie sont ici valorisés. L'importance reconquise par le style, l'humeur du journaliste est liée au fait que, souvent alimentés par les mêmes sources et adoptant la même hiérarchie des nouvelles, c'est la seule mise en forme de ces dernières qui marque une identité rédactionnelle. Parce qu'il se déploie dans des sociétés où les passions idéologiques se seraient tiédies, où le lecteur se pense comme consommateur, amateur de loisirs autant que citoyen, le journalisme de communication offre en deuxième lieu une information dont le chaud de l'événement n'est plus qu'un des ingrédients. Il valorise les *soft news*, une information-service sur la santé, les loisirs, les achats. Interface entre une offre de biens, de services et de conseils et des publics de consommateurs, il peine aussi à marquer son autonomie à l'égard des promoteurs de ces offres. Cette ambiguïté désigne un troisième trait. Puisque le journaliste de communication agit comme vulgarisateur, conseiller, voire comme un proche entretenant une relation de familiarité avec son public et le divertissant, il se dépouille ainsi de toute posture de magistère, d'acteur d'une relation civique. La segmentation des magazines fait d'ailleurs qu'il s'adresse plus souvent à un public ciblé par un style de vie ou des consommations qu'à une opinion publique. Tout cela suggère l'hybridité comme dernier trait de ce journalisme. La publicité flirte parfois avec le rédactionnel dans les pages « consommation », l'humour peut être un mode de traitement du politique, le compte rendu d'une compétition sportive internationale peut se métisser de géopolitique. Ce métissage, c'est aussi la possibilité pour les sources de faire passer leur message comme un article si elles ont su anticiper les codes journalistiques, formater un événement pour le média.

Le paradigme interprétatif des chercheurs de l'université Laval peut être contesté. Ses références théoriques sont hétérogènes, suggérant parfois une analyse de discours déguisée en sociologie. Les dimensions du discours de presse prises en compte sont trop nombreuses pour faciliter une synthèse, les vérifications empiriques du modèle restent partielles. Malgré cela, le modèle demeure l'un des plus stimulants pour questionner le journalisme contemporain. N'en retrouve-t-on pas la trace empirique quand les analystes états-uniens parlent de *McPapers*, pour évoquer ce qu'on a pu nommer en France la « mal-info », sur le modèle de la malbouffe ? Travaillant sur le grand quotidien norvégien *Verdens Gang*, Eide [1997] illustre ces évolutions. Le titre opte dans les années 1980 pour une orientation « de service et de campagne » qui vise à aider ses lecteurs à agir en consommateurs rationnels et éclairés de marchandises et de services sociaux. Le journal se donne alors comme un manuel de vie quotidienne, le journaliste devient conseiller et avocat de son public. Cette orientation n'implique pas en l'espèce la marginalisation des rubriques « nobles », comme celle de la politique ; elle en infléchit la couverture. Les journalistes politiques agissent alors moins en commentateurs éclairés des luttes partisanes qu'en porte-parole de l'opinion publique, pressant les élus de parler clairement, de trouver des solutions efficaces à ce que seraient les problèmes concrets des citoyens ordinaires.

Une nouvelle trilogie de compétences

Abordant davantage les changements à partir d'une observation ethnographique des savoir-faire professionnels à la rédaction du *New York Times*, Nikki Usher [2014] suggère trois recompositions du métier. Pour n'être pas totalement nouvelle, c'est d'abord une culture de l'immédiateté et de la vitesse qui se radicalise. Le bon média et le bon journaliste sont ceux qui sont les premiers à divulguer, qui raisonnent en termes de renouvellement. Rafraîchir, mettre en ligne une information toutes les dix minutes sur le site deviennent des obsessions. L'immédiateté devient une valeur d'information en elle-même, avec ses risques : ceux de la vérification et de l'interprétation hâtives — comme lorsqu'un chiffre de 36 000 emplois perdus est initialement commenté comme très négatif avant de devenir, à l'écoute des experts invités et à la lecture du détail des chiffres, davantage porteur d'espoirs ; ceux du refoulement des informations pas assez chaudes — quand diffuser un reportage d'ampleur sur des prothèses de hanche défectueuses si aucun scandale ne les propulse en haut de l'agenda ?

Une évolution plus originale réside dans ce qu'elle nomme l'inter-activité et qu'on traduira mieux par intermédialité. Le bon journaliste doit désormais être multimédia. Il sait écrire, filmer, parler devant une caméra, articuler à son reportage une infographie et une vidéo. Il sait utiliser le filmage « immersif » avec une caméra à 360 degrés. Il sait faire d'un téléphone portable haut de gamme à la fois un appareil photo, une caméra et un enregistreur, dont les images donneront un reportage aux images impeccables après usage du logiciel de montage adéquat. Le nouveau journaliste est en troisième lieu un connecteur avec ses publics. Il sait mobiliser des audiences, fidéliser des lecteurs qui postent des commentaires. Cette dimension est fortement développée par Batsell [2015], dont la redéfinition d'un journalisme « engagé » comme celui par lequel « une organisation productrice d'information considère activement son public et interagit avec lui dans l'avancement de sa mission journalistique et financière » est en soi significative. Interagir, c'est solliciter la participation du public, l'entretenir par le truchement des réseaux sociaux. C'est encore créer des interfaces, comme un café ouvert dans les locaux du journal, des groupes Facebook invités à réagir à un thème (« Hé, classe moyenne : parlez-nous de vous ! »), inventer des coopérations avec des communautés de passionnés ou mobiliser des publics de niche négligés (supporters d'un club, amateurs de vin). C'est encore travailler sans relâche au service et à l'*empowerment* des publics. Cela suppose d'imaginer jeux et quiz qui les attirent vers le site, de jouer d'un journalisme de données rendu digeste par des cartes et des infographies sur des sujets mobilisateurs : performances des écoles locales, profil social des parlementaires ou même — l'expérience fut faite, et autocritiquée, à New York — la liste et les adresses des 30 000 bénéficiaires locaux d'un port d'armes. Jouer du participatif, ce peut être organiser des événements rentables en invitant des lecteurs à participer à la conférence d'une personnalité, en patronnant — comme le fit *Libération* — des forums de débat dans une ville hôte.

Les analyses d'Usher et Batsell enregistrent des faits. On peut aussi les lire comme prescriptives : voici des évolutions irréversibles. On peut à la fois y trouver des éléments de réponse aux défis d'une formule économique rentable et des motifs d'inquiétude. Sauf à instituer des fonctions spécifiques de mobilisateurs d'audience, quel temps restera-t-il pour le reportage et la réflexivité si chaque journaliste doit être aussi femme-orchestre multimédia ou commis voyageur de son titre ?

Pourquoi « écosystème » ?

Si la métaphore du « changement de régime » soulignait l'ampleur des évolutions, celle d'un « écosystème nouveau » est plus pertinente encore. Elle signale que la nouvelle configuration de production de l'information est aussi différente de celle d'hier qu'un paysage de bocage l'est d'une forêt tropicale. Écosystème suggère plus encore un complexe tissu d'interdépendances entre des entités appartenant à des règnes différents (végétal, animal, humain), imbriquées dans des relations symbiotiques. La métaphore a été initialement sollicitée par Anderson [2013] dans une ethnographie du système de production de l'information dans la métropole de Philadelphie ; elle sera systématisée dans un travail qui l'associe à Bell et Shirky [2014]. Il faut désormais penser le journalisme non seulement comme une profession, mais aussi comme une écologie de relations croisées, une polyphonie entre une foule d'acteurs, dont beaucoup n'existaient pas voici un quart de siècle. Le site états-unien *Nieman lab* (*www.niemanlab.org*) fournit un outil sans cesse actualisé de suivi de cette floraison de changements.

Plus d'acteurs, d'autres acteurs

La multiplication des acteurs a déjà été mise en évidence. Les producteurs d'information ne se limitent plus aux titres de presse, eux-mêmes multipliés par Internet et ses *pure players*. L'information est désormais produite par une foule de sites spécialisés, de médias de niche dédiés à un thème (*Boulevard extérieur* sur l'international, *Lesjours* sur une mise en feuilleton de dossiers d'actualité). Des « fermes de contenus » — comme *Demand Media* aux États-Unis qui a employé jusqu'à 7 000 pigistes et produit 4 500 papiers par jour avant d'être secoué par l'éclatement de la bulle boursière des nouvelles technologies — sous-traitent des commandes d'articles, vendent à des médias une information le plus souvent « froide » (comment choisir un club de poney pour ses enfants, quelles sont les vertus de la citrouille, les plus belles plages croates ?). L'information émerge aussi de blogs, d'institutions diverses qui produisent des informations fiables. Il peut s'agir d'une fédération sportive, d'un site de guides de voyage, de lanceurs d'alerte. Une objection vient à l'esprit : ne mélange-t-on pas ici information et communication, cette dernière étant définie comme une information orientée, publicitaire ou assujettie aux intérêts de l'émetteur ? La difficulté vient de ce que, si l'on peut intellectuellement construire une telle opposition, il est difficile de la rendre opérationnelle. Certains sites et sources diffusent bien une information mensongère, mais des informations fiables et utiles sont aussi produites par des producteurs qui ne sont ni ne prétendent être journalistes. C'est le site de cyclistes new yorkais *NY Velocity*, mettant en ligne un long rapport sur le dopage à l'EPO, qui a joué un rôle clé dans la mise en évidence des tricheries d'Armstrong. La multiplicité des sources, c'est encore le *crowdsourcing* qui, *via* des sites participatifs comme *Fixmystreet* au Royaume-Uni, tient à jour un état détaillé des dégradations de la voirie routière urbaine, c'est *via* un pareil site que la population réactualise régulièrement des relevés de radioactivité autour de Fukushima. *Wikileaks* et ses évolutions sont une autre illustration de ces ambivalences : a-t-on affaire à un lanceur d'alerte, à un média à part entière, à une source au service des médias traditionnels ? Cette prolifération des lieux d'émission d'information est encore amplifiée par la capacité nouvelle offerte à chacun non seulement de poster une vidéo, mais aussi de rerouter un article, une URL *via* les réseaux sociaux.

Parler de multiplication des acteurs, c'est encore relever l'apparition de protagonistes hier inconnus. Tel est le cas des nettoyeurs du Web qui rendent inaccessibles sur le Web des informations déplaisantes pour une personne ou une institution [Smyrnaios et Marty, 2017]. Ce sont des sites et dispositifs d'évaluation de la fiabilité des informations comme *Storyfull* en Irlande qui vérifient l'origine réelle des photographies utilisées sur le Web. Le changement naît aussi de nouvelles stratégies d'anciens acteurs. Tel est le cas — bien révélateur du floutage de la frontière information/communication — de

Fake news

Le terme *fake news* ou infox est devenu omniprésent dans les débats sur l'information. Dans une acception rigoureuse, il désigne la diffusion intentionnelle de nouvelles que l'on sait fausses afin de nuire à une cause ou de la défendre. Les difficultés commencent avec les usages extensifs du terme qui désigne des nouvelles inexactes, mais plus par manque de rigueur à vérifier que par désir de tromper, qui s'applique parfois à des informations humoristiques comme celles du *Gorafi*, voire fait fonction de disqualification d'informations jugées gênantes.

La diffusion consciente d'informations fausses est une stratégie aussi vieille que l'existence des médias. On peut remonter aux brochures de colportage décrivant à la veille de la Révolution la cour de Louis XVI comme un vaste lieu de débauche, mentionner l'« incident du golfe du Tonkin » d'août 1964, où une attaque nord-vietnamienne romancée contre le destroyer *USS Madox* justifiera un engagement accru des États-Unis. La nouveauté, bien réelle, elle, tient désormais au contournement du *gate-keeping* par la facilité à « poster » une vidéo ou un article et à la vitesse de diffusion d'informations fausses ou délirantes *via* les réseaux sociaux.

Ce qui ressemble fort à une panique morale peut suggérer quelques mises en garde. La première tient au simplisme qui voudrait que les *fake news* viennent des autres, des non-journalistes donc. Les situations où des titres de presse diffusent des informations mensongères en trompant à dessein leurs publics sont rares (un reportage truqué sur la ZAD de Notre-Dame-des-Landes a cependant obligé en décembre 2017 le directeur du *Journal du dimanche* à avouer pudiquement un « manque de discernement »). Mais la revendication d'une position de champions de l'information fiable par les journalistes est minée par la publication d'informations tantôt hâtives, tantôt superficielles ou incomplètes, soit que la logique de la vitesse (chaînes d'information en continu) prime sur celle de la rigueur, soit que les conditions de travail dans la « roue de hamster » rendent difficile un travail de qualité. La centralité des éditorialistes pose aussi problème en France. Quelle image de rigueur donnent des personnes qui, sans consacrer le moindre temps aux impératifs de l'enquête, opinent sur tout, assènent des verdicts catégoriques plus lourds d'idéologie et de platitudes que de connaissance des dossiers ?

Le débat sur les *fake news* porte une ambiguïté parallèle à celle des dénonciations du « populisme ». En postulant une crédulité sans bornes du grand public, il peut suggérer que le problème de la démocratie est décidément le populaire, si facilement manipulable par les démagogues. Outre

beaucoup de *lobbies* qui, de façon pas toujours transparente, ouvrent des sites d'information qui visent à mettre en scène leurs points de vue et productions comme exprimant les désirs d'une « société civile » au statut fort ambigu [Laurens, 2015]. Mélangeant analyses sur la lutte contre la pollution et présentation de produits, le site *www.friendsofglass. com/fr/* — et ses déclinaisons nationales — invite à devenir adhérent, écologiquement responsable, des Amis du verre. Il est aussi une émanation des industriels du secteur. Les nouveaux acteurs sont encore que cette vision fait bon marché des travaux sur la sociologie de la réception [Le Grignou, 2003] qui manifestent les capacités de filtrage des publics, elle occulte des questions importantes. Si une part croissante des publics se détourne des grands médias traditionnels, n'est-ce pas que la hiérarchie des sujets, des cadrages ne répond pas à ses attentes ? Une des sources de l'impact des rumeurs et informations farfelues qui circulent sur les réseaux sociaux renvoie aussi au « nouveau régime médiatique » théorisée par Delli Carpini et Williams [2011]. Il engendre une forme perverse de « démocratie épistémique » où l'expérience personnelle la plus partielle ou les convictions en viennent à primer sur les savoirs scientifiques. On doit s'en alarmer quand cela aboutit à décrire le 11 septembre 2001 comme un complot juif ou un événement imaginaire (pas de crash sur le Pentagone). Mais peut-on s'étonner du scepticisme devant le discours scientifique quand des experts, souvent en conflit d'intérêts, valident l'usage de médicaments ou de molécules aux effets catastrophiques pour la santé publique, de l'incrédulité devant la science économique quand ses spécialistes pontifient devant micros et caméras sur l'impossibilité de graves crises boursières, présentent le démantèlement des protections sociales comme une fontaine de bienfaits pour les plus

démunis ? La rumeur avait couru en 2001 lors d'inondations à Abbeville que la Picardie avait été volontairement submergée pour délester la Seine et épargner Paris. Information absurde, démentie par autorités et hydrologues. Rumeur audible parce qu'elle faisait écho à l'image d'une capitale qui concentre la richesse au détriment de régions pauvres, parce qu'elle correspondait au sentiment d'être méprisés et abandonnés de beaucoup d'habitants d'une région déshéritée. Serait-il paradoxal de suggérer que lutter contre les inégalités culturelles et sociales freine la réceptivité des rumeurs et fausses nouvelles ?

Le poids des *fake news*, l'effet qui leur est imputé sur certains verdicts électoraux ont posé le problème de leur répression. L'article 27 de la loi de 1881 sur la presse donne déjà les outils pour punir la « diffusion de fausses nouvelles ». Le risque est en la matière celui des usages extensifs de tels textes... *Mediapart* aurait-il pu donner d'entrée les preuves pertinentes devant un tribunal des fraudes fiscales, du ministre Cahuzac ? Apprendre à « sourcer » une information peut être au moins aussi utile, comme d'intervenir sur les espaces de diffusion des *fake news*, les démonter, ce que font les radios publiques sur https://www.francetvinfo.fr/vrai-ou-fake/ ou, sur Youtube, le site Aude Wtfake.

des fondations, des sites de levée de fonds participatifs qui collectent de quoi financer des reportages de longue haleine. La recomposition de l'écosystème provient aussi de la place croissante revendiquée par une part du public qui ne se satisfait pas du vieux système de courrier des lecteurs, mais entend pouvoir poster des commentaires sur le site, contribuer à fournir des informations, comme cet ingénieur informaticien présent au Pakistan qui, voyant un ballet d'hélicoptères, fut le premier à alerter sur ce qui était l'opération d'exécution de Ben

Laden. Un inventaire doit aussi intégrer les entreprises des GAFAM. Leurs services ont totalement recomposé la circulation de l'information au point qu'une part, demain majoritaire, de la lecture d'articles passe par leur circulation sur les réseaux sociaux. Mais les GAFAM tendent aussi à produire des contenus, à devenir média, ce que manifeste le rachat en 2013 du *Washington Post* par Amazon, qui dispose ainsi d'une rédaction dont elle peut réutiliser les apports.

Cartographier l'écosystème qui se solidifie, c'est aussi prendre acte du fait que le journalisme est plus que jamais équipé par les sciences et techniques, et que la sociologie du journalisme ne peut faire l'économie d'une articulation à la sociologie des sciences [Boczkowski, 2004]. Le site *https://narrativescience.com/* produit ainsi des informations et des articles issus du traitement automatisé de vastes réservoirs de *big data* sur les avancées des sciences. Et toute une reconfiguration des compétences professionnelles tient à savoir identifier des sources en ligne, à manier les logiciels qui permettent de tirer profit de ces ressources. Le flair professionnel garde sa place, comme lorsque, découvrant par une dépêche le naufrage en cours du *Costa Concordia*, des journalistes se mettent en quête sur les réseaux de *tweets* ou messages avec les mots *sinking* ou *rocks*, collectant ainsi les commentaires à chaud de passagers [Lecheler et Kruikemeier, 2016]. La composante sociotechnique du nouvel écosystème vient aussi des logiciels qui ont par exemple permis la traduction instantanée de grandes quantités de *tweets* en arabe lors des Printemps arabes de 2011. Sans ces appuis techniques, il eût été bien difficile de tirer de masses de données les preuves des pratiques de fraude fiscale internationale, activité pour laquelle les journalistes d'investigation qui travaillent en réseau doivent aussi se protéger en cryptant leurs échanges de mails.

Ce nouvel écosystème impacte enfin les rédactions. Il donne naissance à des spécialités inédites, comme le journalisme de données, fait une place croissante à des spécialités hier marginales, comme les *fact-checkers* qui vérifient le bien-fondé des déclarations officielles ou des chiffres mobilisés sur un débat. Il introduit dans les rédactions des *community managers* qui s'emploient à coordonner et policer la participation des internautes. Il revalorise de nouvelles compétences en coordination : « Conceptualiser le nouveau journalisme, c'est [...] imaginer un grand concert de jazz. Des citoyens journalistes, des blogueurs et des journalistes pro-amateurs, des innovateurs dont nous ne pouvons même pas imaginer l'identité y contribueront aux côtés de journalistes professionnels. Les premiers seront les improvisateurs qui pousseront la logique implicite et la beauté de la musique à ses limites. Les professionnels donneront la mélodie et la section rythmique ; sans eux, les improvisateurs ne feraient que du bruit, peut-être brillant, mais du bruit quand même. » [McChesney et Nichols, 2010, p. 81].

Une anarchie organisée

Ce recensement qui ne prétend pas à l'exhaustivité peut donner l'impression d'une jungle, d'une prolifération anarchique de forces centrifuges. La sociologie des organisations a justement développé une notion d'anarchies organisées pour désigner des systèmes sans objectifs cohérents partagés par tous, où les processus de prise de décision sont confus et où la technologie ne joue pas le rôle central. Une piste de réflexion pourrait être ici de souligner que, si la nouvelle écologie de production de l'information a les traits d'une anarchie organisée, elle est aussi une anarchie organisable, cela dans quatre directions.

La première serait de souligner que si la nouvelle écologie est une menace pour la position de surplomb des journalistes, elle leur offre aussi des opportunités considérables. Les rédactions des entreprises de presse demeurent des institutions comparativement dotées de fortes ressources dans cet environnement. Elles disposent de plus de personnel que le gros des autres acteurs. Elles concentrent des détenteurs de savoirs spécialisés, des capacités de vérification, d'accès aux sources, de compétences à mettre en récit l'information de façon attrayante. Leurs audiences restent importantes. Tirer profit de ces ressources suppose qu'une nouvelle compétence soit intégrée aux rédactions, celle que McChesney et Nichols associent au chef d'orchestre. Cette dernière figure sait construire une formation avec des blogs et des sites de niche fiables, mobiliser des publics pour collecter des informations et susciter des commentaires, accueillir sur le site des contributeurs dont la rigueur a été testée, coordonner des contributions sur des enquêtes ou dossiers thématiques. Presse et journalisme suivent une évolution qui a été celle d'Hollywood, puis des chaînes de télévision. Assurant hier l'intégralité de la production de leurs contenus en interne, cinéma et télévision ont dû se réorganiser dans un réseau de producteurs indépendants, de spécialisations (compositeurs de musique, entreprises de casting) et de sous-traitants.

Une deuxième piste réside dans la mise à jour du cadre juridique de protection de la production de l'information. L'entreprise passe par la garantie juridique d'un large accès aux documents publics, comme l'a organisé le *Freedom of Information Act* de 1966 aux États-Unis [Schudson, 2015], qui prévoit que tout document qui a concouru à la production d'une décision publique est communicable aux citoyens et journalistes. Ce sont pas moins de 4 000 agents publics qui contribuent actuellement à l'application de ce droit. Stabiliser le cadre juridique, c'est corrélativement mettre le holà à la multiplication des lois qui étendent au-delà des impératifs de respect de la vie privée ou de la sécurité publique de multiples secrets fiscaux, bancaires, des affaires dont l'effet est de transformer le journalisme d'investigation — qui demande des comptes aux agents publics, met à jour des activités d'entreprises qui menacent la santé publique ou fraudent le fisc — en activité délictueuse [Arfi et Moreira, 2015]. Rénover le cadre juridique, c'est encore consolider la protection des lanceurs d'alerte, établir des lois qui sanctionnent par des amendes coûteuses les usages abusifs de poursuites contre des journalistes. Les lois états-uniennes dites anti-SLAPP (*Strategic Lawsuit Against Public Participation*) qui répriment ces poursuites-bâillons sont un exemple du possible. Auteur d'une enquête remarquable sur les activités troubles de l'institution financière Clearstream, le journaliste Denis Robert a dû faire face à vingt-huit procès successifs et dépenser 150 000 euros de frais d'avocat pour aboutir, au terme d'un marathon judiciaire qui l'a profondément affecté, à faire reconnaître que son enquête était rigoureuse et ses conclusions fondées.

Un troisième levier d'organisation concerne la sécurisation du financement de la production d'information. Évoquer le rôle de financements publics fait redouter un paysage de presse peuplé de réincarnations de la *Pravda* soviétique. Il est cependant possible — la Suède en donne un exemple — d'établir des aides financières ciblant la presse d'information générale et elle seule, distribuées dans des conditions transparentes par des commissions où le poids des professionnels ou de représentants des lecteurs excède celui des pouvoirs publics. On peut aussi imaginer la possibilité de déduire de l'impôt une somme fixe qui serait affectée au média d'information désigné par le contribuable. D'autres pistes peuvent concerner le statut juridique des entreprises de presse qui deviendraient des entreprises à but non lucratif, capables de recevoir des fonds de fondations, mais aussi des financements sous forme d'actions souscrites par les lecteurs. Les appels au secours répétés, sous forme de souscriptions, que lancent certains titres de presse (*Alternatives économiques*, *L'Humanité*) peuvent suggérer qu'il s'agit là d'une rustine peu efficace. Le travail de Cagé [2015] suggère de façon convaincante que des scénarios autres que celui du tonneau des Danaïdes sont possibles. Mieux cibler les aides publiques, aider les financements participatifs, plafonner l'influence des gros actionnaires sur les processus de décision — mais encore ponctionner une partie des budgets publicitaires captés par les grands acteurs de l'Internet — offrent une palette de ressources qui peuvent aider la presse à retrouver le financement nécessaire à la qualité. La réflexion doit aussi porter sur les impasses de la gratuité par laquelle bien des titres, ont aussi scié la branche sur laquelle ils reposaient. Sans être mythifiées — beaucoup sont financées par de grandes entreprises ou peuvent mettre des conditions peu sécurisantes à leur aide [Benson, 2017a] —, les fondations privées et d'intérêt public peuvent être un autre appui de cette reconfiguration des financements.

Organiser l'anarchie, c'est enfin garantir une sécurité informationnelle qui pourrait se résumer dans la formule « si toutes les opinions et appréciations doivent pouvoir s'exprimer, il ne saurait y avoir de droit à inventer des "faits alternatifs" », selon l'expression d'une porte-parole du président Trump. La répression des fausses nouvelles et de leurs diffuseurs demande à la fois fermeté et prudence, la (pas si) simple application aux GAFAM des obligations qui s'imposent à la presse pourrait apporter beaucoup. Le développement du *fact-checking*, des rubriques « desintox » est une autre démarche. Pourquoi ne pas imaginer aussi, à côté des prix qui récompensent les meilleurs reportages, un prix Pinocchio du titre produisant le plus de fausses nouvelles, un trophée du site bidon de l'année ? Serait-il vain de penser à une norme ISO renouvelable chaque année qui étalonnerait à la fois la fiabilité et la diversité des thèmes et points de vue portés par un média ? Kovach et Rosenstiel [2010] soulignent aussi l'importance d'initiatives, que peuvent porter l'école, des associations ou des sites de suivi critique de la presse comme ACRIMED, pour « professionnaliser » aussi les publics. Comment « sourcer » l'origine d'une nouvelle, comprendre la production d'une statistique et son sens ? Initier scolairement à la sociologie du journalisme serait aussi œuvre salubre. Comprendre comment est produite l'information arme le sens critique, rend possible une critique du journalisme qui soulève de vrais enjeux et non des fantasmes complotistes.

Le futur au présent

Ce que seront demain les journalismes (au pluriel) est objet d'inventions, tributaire d'innovations technologiques et de changements sociaux qu'on ne peut raisonnablement anticiper. Il faudrait simultanément s'aveugler pour ne pas voir que ce futur s'enracine au présent dans une foule d'expériences dont la consistance va bien au-delà de projets ou d'utopies journalistiques. On esquissera ici la carte d'une partie de ces inventions.

Un pôle de forte inventivité tient aux renouvellements et redécouvertes en matière de formats. Si la technologie peut l'aider, le journalisme de demain n'est pas qu'affaire d'écrans ou de réseaux, sa floraison vient aussi d'innovations dans les façons de raconter et les formats qui se sont cristallisés voici un siècle, de supports inédits. Une première direction, déjà explicitée dans l'évocation du *slow journalism*, tient au réinvestissement de formes narratives, littéraires de reportages qui combinent un travail d'immersion [Conover, 2016], un souci exigeant de documentation et des mises en récit qui empruntent au feuilleton, au roman. Si la liste des objets de tels reportages est potentiellement illimitée, un des terrains de ses plus belles réussites a été, en de nombreux pays, un regard sur le monde social par le bas, parlant avec empathie mais sans complaisance populiste de la vie des Afro-Américains les plus pauvres [Dash, 1997], allant tirer d'objets *a priori* sans prestige, comme la restauration rapide [Schlosser, 2001] ou la tomate en boîte [Malet, 2018], des éclairages profonds sur les rapports sociaux. Le prix Pulitzer a d'ailleurs introduit dans ses récompenses depuis 1985 une catégorie du journalisme « explicatif » qui récompense ce type de reportages, associés à ce qu'on a nommé *New New journalism* [Boynton, 2005]. La singularité de ces contributions est aussi de sortir des supports habituels pour inventer des hybrides de livres et de revues, tels que *XXI*, de réinvestir la forme classique du livre, d'aller explorer les possibilités de la bande dessinée chez Delisle ou Sacco, du feuilleton en ligne, des reportages vidéo. Renouveler objets et angles d'approche, c'est encore oser conjuguer, comme le fit Dufresne (www.davduf.net), le registre du jeu participatif et celui du reportage pour suivre le Front national pendant l'élection présidentielle de 2017. C'est encore inventer un « journalisme de solutions » qui valorise des réponses aux problèmes, rompe avec le tropisme des nouvelles comme mauvaises nouvelles. Il peut s'agir, comme dans le *Civic journalism* aux États-Unis, de faire des journalistes les facilitateurs de l'émergence d'un agenda du public porté vers les élus et les candidats ou, dans le journalisme constructif expérimenté aux Pays-Bas [McIntyre, 2017], d'éclairer plus les solutions que les problèmes, de parler des politiques publiques qui fonctionnent, d'initiatives inventives. Le *Bondy Blog* valorise ainsi dans une rubrique « Les bâtisseurs » ceux qui font le dynamisme et la convivialité en Seine-Saint-Denis.

Le futur au présent, c'est aussi la recomposition d'un journalisme d'investigation qui prend les moyens de s'organiser à l'échelle de ses objets, mondialement, pour enquêter sur les paradis fiscaux, les menaces sur la santé publique nées de polluants. Les enquêtes du consortium European Investigative Collaborations, celles de l'International Consortium of Investigative Journalism ont fait mouche. Égrener les *leaks*/fuites et affaires dont ils sont les orchestrateurs en est une démonstration : *Swiss Leaks, Luxembourg Leaks, Football Leaks, Panama Papers*. En s'internationalisant, les équipes mettent en commun

Expériences de *Public journalism*

L'esprit du *Public journalism* est héritier du « progressisme » américain du XIXᵉ siècle, exaspéré par la confiscation du pouvoir par les machines de parti, aujourd'hui par le trop d'habileté des professionnels de la politique à structurer les débats, à les hystériser ou les centrer sur la « course de petits chevaux » entre candidats. Il s'agit de chercher à faire émerger un agenda de l'opinion, à se faire les interprètes des citoyens sur la hiérarchie des problèmes, voire des solutions.

Charity [1996], un des promoteurs de ce *Public journalism*, en explicite le fonctionnement en trois étapes. Il s'agit d'abord d'identifier un enjeu pertinent pour le public et de publier les informations et données capables de l'éclairer. Une deuxième phase vise à ramener des dossiers à des choix en explicitant les solutions, leurs coûts et implications avec l'aide d'experts afin de faciliter une délibération à partir de laquelle la communauté concernée exprime une préférence dans une ultime étape. Cette vision « civique » du journalisme repose donc sur une palette de protocoles d'enquête et de sollicitation de la parole des citoyens. Dans le Massachusetts, le *Cape Cod Times* convoque des *town meetings* pour faire émerger les priorités politiques des habitants. Le *Columbia Missourian* organise une série de *focus groups* d'employeurs, de parents, d'élèves, d'enseignants pour saisir et restituer un ensemble de représentations, de critiques et de suggestions sur la capacité du système scolaire local à assurer l'intégration professionnelle des diplômés. L'*Akron Beacon Journal* utilise une technique similaire pour saisir, à partir des témoignages de membres de diverses communautés, leur perception des rapports entre groupes ethniques ; il donnera une large couverture à ces débats. En Caroline du Nord, le *Charlotte Observer* organise durant la campagne électorale l'opération « Votre voix, votre vote ». Elle vise à saisir par un ensemble d'enquêtes ce que sont pour les électeurs les dossiers centraux. La démarche fait émerger des enjeux : fiscalité, éducation, emploi, santé publique, morale publique, à partir desquels les journalistes interrogeront les candidats.

Si l'expression *Public journalism* est inconnue en France, certaines expériences réalisées par la presse locale s'en rapprochent cependant. Lors des élections législatives de 1993, *Ouest France* avait publié, en collaboration avec des universitaires, un questionnaire à découper, mettant en avant à l'aide de questions ouvertes les problèmes que les lecteurs souhaitaient voir débattus. Le retour de près de 9 000 réponses, venant souvent de lecteurs de milieu populaire et accompagnées de nombreux courriers, faisait ressortir des thèmes de préoccupation (désertification de départements ruraux, critique de la multiplicité des échelons d'administration locale) peu relayés par la campagne des partis (*Ouest France*, 16 février 1993).

Essentiellement porté par des quotidiens locaux, le *Public journalism* a pu amener des élus à se montrer plus attentifs à des thématiques négligées mais sensibles, améliorant aussi la diffusion des titres. Il invite aussi à la discussion [Glasser, 2000]. Peut-il se transposer au-delà d'espaces locaux ? Peut-on toujours postuler que va émerger une solution de consensus, plus puissante que des clivages sociaux et des oppositions d'intérêts objectives ? Et même si un consensus majoritaire émerge, que deviennent les droits de la minorité ? Une majorité blanche ne peut-elle — y compris de bonne foi — considérer comme négligeables les tensions et stigmatisations vécues par les minorités racisées ? Faire du journalisme l'accoucheur d'une demande politique des citoyens ne crée-t-il pas une confusion entre journalisme et fonction représentative ?

des effectifs, des compétences linguistiques ; elles modifient le rapport de force qui serait celui d'une modeste rédaction contre des multinationales géantes. Le déjà-futur, c'est encore, dans la nouvelle écologie de l'information, la capacité à mobiliser intelligemment l'énergie de ses publics et audiences. Si le Coréen *Ohmynews* montre qu'un journal issu des apports de 40 000 contributeurs amateurs coordonnés par une rédaction est possible, se fixer sur cette seule dimension serait une erreur. Si, selon les pays, de 13 % à 25 % des usagers européens de sites d'information relaient des articles sur leurs réseaux sociaux, le pourcentage des visiteurs ou abonnés qui postent des commentaires, plus encore qui proposent des contributions (0,1 %), demeure dérisoire. Il est en revanche possible de donner corps à la promesse de la « sagesse des foules ». Le *Guardian* britannique a demandé aux internautes d'aller ouvrir les dizaines de milliers de notes de frais professionnels des parlementaires anglais, accessibles en ligne, pour déceler des cas d'usage abusif de l'argent public. Il a collecté et trié des milliers de clichés pris par des téléphones lors des manifestations contre le G20 à Londres en 2009, établissant images à l'appui que le manifestant Ian Tomlinson avait bien été victime de brutalités policières, même si elles n'étaient pas les causes uniques de sa mort.

Les renouvellements, déjà là comme potentiels, du journalisme viendront aussi d'un meilleur usage des sciences sociales. Il ne s'agira pas de donner à l'information l'aspect souvent aride et obscur des publications académiques, mais d'avancer dans trois directions. La première consiste, dans la veine du « journalisme de précision » théorisé par Meyer [1973], à développer un journalisme fortement argumenté, précis, mobilisant les énormes masses de *data* désormais disponibles en ligne, les analysant rigoureusement, les traduisant de façon claire et intelligible grâce à l'infographie. La formation des journalistes devrait alors intégrer plus de sciences sociales, tant dans le domaine des techniques d'enquête de terrain et d'observation, d'une initiation au traitement des données chiffrées, que dans celui de la mobilisation des savoirs produits par le monde de la recherche. D'une façon contre-intuitive, une recherche récente sur l'usage des statistiques par les télévisions britanniques montrait que les chiffres qui alimentent le débat public viennent dans moins de 10 % des cas de la recherche universitaire, loin derrière l'apport, souvent plus contestable, des instituts de sondage, ONG et *think tanks*, partis et milieux d'affaires. « Les journalistes tendent à être moins intéressés par les organisations dédiées à la recherche et à la production de connaissances (singulièrement le monde de l'université et de la recherche) que par des sources plus secondaires, plus interprétatives, issues du monde de la politique et des médias. En bref, ils se réfèrent à une valeur d'information qui favorise le conflit sur la clarté, et l'opinion sur l'explication » [Cushion *et al.*, 2017, p. 1212]. Faire bon usage des sciences sociales, c'est enfin savoir choisir ses savants : plutôt celles et ceux authentiquement spécialisés et internationalisés, reconnus par les pairs — même s'il faut les former à parler pour les médias — que les bons clients, prêts à parler avec émotion de tout et d'abord de ce qu'ils ignorent, pourvu que la visibilité médiatique les illumine.

Enfin, dans la nouvelle écologie de production de l'information, la notion de « journalisme entrepreneurial » pourrait aussi être porteuse de promesses. De plus en plus de production d'information viendra de microentreprises, de sites de niche, qui auront pour but de traiter des *datas*, vérifier et certifier des informations. Faire vivre ces structures suppose aussi que se développe dans les écoles de journalisme une formation à la gestion, à la levée de fonds, à l'action en contexte de marché...

Conclusion

Un condensé et une ouverture peuvent ponctuer cette *Sociologie du journalisme*.

Condenser le propos, c'est dégager les leçons majeures qui ressortent de travaux aux cadres théoriques divers. Le journalisme n'est pas l'équivalent d'une profession libérale de l'information, d'une profession d'écrivain de l'actualité. Les journalismes — le pluriel s'impose — ne sont intelligibles que replacés dans une sociologie du travail et des organisations, des dispositifs technologiques aussi. Comprendre et, par là, critiquer l'information consommée quotidiennement supposent le détour, complexe et passionnant, par un réseau d'interdépendances qui passent par la relation aux sources, la structuration du champ journalistique, sa relation au champ économique. Une autre ligne de force des recherches disponibles est d'alerter sur les effets croissants de l'emprise du champ économique tant sur les pratiques journalistiques que, par l'action en ricochet de celles-ci, sur une série de champs de production culturelle dont les plus grandes œuvres n'avaient pu naître que de l'institutionnalisation d'une relative imperméabilité aux logiques de marché.

Une sociologie du journalisme doit aussi se confronter à la dimension politique de son objet. La thématique du quatrième pouvoir paraît alors s'imposer. Elle risque pourtant de se révéler simpliste. Évoquer un quatrième pouvoir (s'ajoutant à l'exécutif, au législatif et au judiciaire) consacre une vision naïve des pouvoirs sociaux où ne figurent pas les intérêts économiques et les groupes de pression. Postuler l'autonomie d'un quatrième pouvoir revient aussi à oublier qu'au fil de l'histoire tous les pouvoirs sociaux ont su s'adapter à une relation symbiotique au journalisme, institutionnaliser des prises sur celui-ci par le statut privilégié de certaines sources, les mécanismes d'indexation et de filtrage que favorise l'homologie entre rubriques et institutions. Bref, prendre au sérieux l'idée du journalisme comme institution de démocratie suppose de prendre acte des apports de l'analyse sociologique, mais aussi d'expliciter des *a priori* normatifs.

McChesney et Nichols [2010] mènent au cœur de cette dimension normative en rappelant la fameuse citation de Jefferson : « Si je devais décider si nous devons avoir un gouvernement sans journaux ou des journaux sans gouvernement, je n'hésiterais pas un instant à préférer cette dernière solution. » Mais pourquoi le propos du penseur libéral est-il toujours caviardé de la phrase qui suit ? Elle énonce : « Mais il faudrait alors que tout homme reçoive ces journaux et soit capable de les lire. » En bonne logique démocratique, le journalisme aussi est redevable d'une « exception culturelle ». Il n'est pas une activité économique comme les autres, ses lecteurs ont d'autres statuts que d'être consommateurs. Informer est aussi faire sens d'un monde fort compliqué. Que des titres ou rubriques s'adressent à des publics consommateurs ne constitue pas en soi un péril (même les sociologues peuvent être heureux de les utiliser pour leurs hobbies et loisirs). Mais l'idéal démocratique requiert un journalisme d'information économiquement et culturellement accessible à tous, producteur de réflexivité sur les enjeux politiques. Cinq mots-clés aideront à y réfléchir.

Contre l'air du temps, le premier sera *intervention publique*. Partout, l'essor du journalisme et de la presse est historiquement lié à des appuis publics multiformes (tarifs postaux ou régimes fiscaux de faveur, subventions) qui englobent la garantie par l'État, contre lui-même, de la liberté d'expression et de publication [Cook, 1998]. Ni expériences positives ni suggestions ne font défaut [Cagé, 2015]. Il faut actualiser les règles de protection des journalistes, faire de la déontologie une contrainte moins molle. Il faut réorganiser le système des aides à la presse : distribution par des autorités indépendantes du gouvernement et des partis, ciblage des seuls médias d'information générale et de débat. Il faut encore développer des statuts juridiques novateurs pour des médias à but non lucratif, créer les normes d'un actionnariat des rédactions et publics à but citoyen et non plus financier.

Le deuxième mot est *pluralisme*. Il est politique, par l'expression dans des titres divers ou au sein du même de points de vue opposés. Il est au moins autant sociologique et suppose de porter attention à la palette complète des vécus sociaux et de leurs expressions, de savoir les capter là où elles disposent de peu de porte-voix institutionnels, de les restituer dans des formes qui suscitent la réflexivité de publics très divers. C'est ce que Gans nomme journalisme « multiperspective ». Sans rêver à une objectivité toujours imparfaite, il s'emploie à rendre intelligible la diversité des expériences, des vécus, des rapports au monde. Derrière un apparent chaos, la nouvelle écologie de l'information porte la possibilité d'une telle polyphonie [Gans, 1980 ; Benson, 2017b] des sources, des médias, des formats, des paroles, même si y donner une place centrale à l'information majuscule ne va pas de soi dans une jungle communicationnelle qui est aussi peuplée de *fake news* et de la douce insignifiance de vidéos de chatons joueurs.

Pédagogie serait un autre mot-clé, si du moins elle ne consistait pas à faire la leçon à un grand public tenu pour débile ou immature, mais à produire une intelligibilité des conditions de production de l'information, à saisir ses biais et difficultés, à réussir, à armer aussi les audiences d'un outillage pour distinguer l'intox du fait vérifié, pour sourcer, aller chercher des données fiables.

Ce point renvoie aux deux ultimes termes. L'un est la *réflexivité* [Lemieux, 2010], dont, malgré des livres pénétrants, profonds ou émouvants, on peut regretter qu'elle soit assez peu exercée collectivement par la profession journalistique. Les oppositions binaires sont toujours réductrices. Mais comment ne pas opposer l'inventivité, la capacité de se mettre en discussion *via* des revues professionnelles (*Columbia Journalism Review*) du journalisme américain, et la timidité du journalisme français ? Ce dernier a certes inventé Reporters sans frontières, mais la critique est là produit d'exportation. En tant que profession organisée, le journalisme français est singulièrement crispé, peu réflexif, peu ouvert au dialogue avec ses analystes ou publics. On le regrettera d'autant plus que se multiplient des livres de journalistes qui expriment une remarquable intelligence (auto-) critique de leur métier.

Il faut enfin mentionner le terme *sciences sociales*. Elles non plus ne doivent pas être là pour faire la leçon à qui que soit. Mais, mieux que la mémorisation des vainqueurs de la Coupe du monde de football ou celle des titulaires successifs du ministère des Finances, leur valorisation dans la formation pourrait rendre les journalistes plus armés pour enquêter, observer, traiter des *datas*, produire des journalismes explicatifs ou de « précision ». La sollicitation de chercheurs compétents — plus que de « toutologues » dissertant de tout et davantage encore — peut apporter, jusque sur des événements chauds, des éclairages producteurs de compréhension. C'est encore le rapport même des publics aux journalismes qui serait mieux armé, équipé d'outils de critique plus féconds et plus productifs par cette diffusion de savoirs sociologique sur l'information.

Repères bibliographiques

Le signe ✱ signale les textes les plus importants par leur apport théorique.
Le signe ✐ est associé aux études les plus aptes à restituer la pratique du journalisme.
Le signe ✍ désigne des témoignages et réflexions rédigés par des journalistes.

ACCARDO A. (dir.), *Journalistes au quotidien*, Le Mascaret, Bordeaux, 1995, ✐, ✍.

ACCARDO A. (dir.), *Journalistes précaires*, Le Mascaret, Bordeaux, 1998, ✐, ✍.

Actes de la recherche en sciences sociales, « L'emprise du journalisme », n° 101-102, 1994.

Actes de la recherche en sciences sociales, « Le journalisme et l'économie », n° 131-132, 2000.

AGNÈS Y., *Manuel de journalisme. L'écrit et le numérique*, La Découverte, « Grands Repères/Manuels », Paris, 2015.

AKRICH M., « La presse et la technique. Pluralité des modèles de journalisme », *MediasPouvoirs*, n° 26, 1992, p. 24-32.

ALEXIEVITCH S., *Œuvres*, Actes Sud, Arles, 2015.

ANDERSON A., *Media, Culture and the Environment*, UCL Press, Londres, 1997.

ANDERSON C. W., *Metropolitan Journalism in a Digital Age. Rebuilding the News*, Temple University Press, Philadelphie, 2013, ✱.

ARFI P. et MOREIRA P., *Informer n'est pas un délit*, Calmann-Lévy, Paris, 2015, ✍.

BAISNÉE O., « Les journalistes, seul public de l'Union européenne », *Critique internationale*, n° 9, 2000, p. 30-35.

BAISNÉE O., « Publiciser le risque nucléaire », *Politix*, n° 54, 2001.

BALZAC H. DE, *Monographie de la presse parisienne*, J.-J. Pauvert, Paris, 1965 (1re éd., 1843).

BARNHURST K. et MUTZ D., « American Journalism and the Decline of Event-Centered Reporting », *Journal of Communication*, 1997, vol. 47 (4), 1997, p. 27-43.

BARNHURST K. et NERONE J., *The Form of News*, The Guilford Press, New York, 2001.

BARTHES R., *Mythologies*, Seuil, Paris, 1957.

BARTHES R., *L'Aventure sémiologique*, Seuil, Paris, 1985.

Barwise P. et Ehrenberg A., *Television and Its Audience*, Sage, Londres, 1988.

Batsell J., *Engaged Journalism. Connecting with Digitally Empowered News Audiences*, Columbia University Press, New York, 2015.

Beaud P., *La Société de connivence*, Aubier, Paris, 1984, ✱.

Bell E., Anderson C. W. et Shirky C., « Post Industrial Journalism : Adapting to the Present », https://academiccommons.columbia.edu/doi/10.7916/D8N01JS7, 2014, ✱.

Bellanger C., Godechot J., Guiral P. et Terrou F., *Histoire générale de la presse française*, PUF, Paris, 1975.

Bennett L., « An Introduction to Journalism Norms and Representations of Politics », *Political Communication*, 1996, vol. 13, p. 373-384, ✱.

Benson R., « Can Foundations Solve the Journalism Crisis ? », *Journalism*, vol. 19 (8), 2017a, p. 1059-1077.

Benson R., *L'Immigration au prisme des médias*, PUR, Rennes, 2017b, ✱.

Benson R. et Neveu E. (dir.), *Bourdieu and the Journalistic Field*, Polity, Londres, 2004.

Binur Y., *My Enemy, My Self*, Doubleday, New York, 1998.

Blondiaux L., *La Fabrique de l'opinion*, Seuil, Paris, 1998.

Boczkowski J., *Digitizing the News*, The MIT Press, Cambridge, 2004.

Boltanski L., *Les Cadres. La formation d'un groupe social*, Minuit, Paris, 1982.

Bourdieu P., *Réponses*, Seuil, Paris, 1992.

Bourdieu P., *Sur la télévision*, Liber, Paris, 1996.

Bourdon J., *Haute Fidélité. Pouvoir et Télévision, 1935-1994*, Seuil, Paris, 1994.

Boyer H., et Lochard G., *Scènes de télévision en banlieues. 1950-1994*, L'Harmattan, Paris, 1998.

Boynton R., *The New New Journalism*, Vintage, New York, 2005, ✐.

Brandewinder M., « Espace et effets du conseil média sur les entreprises de presse », thèse de science politique, université Rennes-I, 2009.

Brin C., Charron J. et Bonville J. de, *Nature et transformations du journalisme. Théorie et recherches empiriques*, Presses de l'Université Laval, Québec, 2004, ✱.

Broesma M. (dir.), *Form and Style in Journalism*, Peeters, Louvain, 2007.

Brusini H. et James F., *Voir la vérité*, PUF, Paris, 1982.

Burnier M.-A. et Rambaud P., *Le Journalisme sans peine*, Plon, Paris, 1997.

Cagé J., *Sauver les médias*, Seuil, Paris, 2015, ✱.

Carson A., « Behind the Newspaper Paywall », *Media, Culture and Society*, vol. 37 (7), 2015, p. 1022-1041.

Carton D., *Bien entendu c'est off. Ce que les journalistes politiques ne racontent jamais*, Albin Michel, Paris, 2003, ✐, ✐.

Chalaby J., « Journalism as an Anglo-American Invention. A comparison of the Development of French and Anglo-American Journalism », *European Journal of Communication*, vol. 11 (3), 1996, p. 303-326, ✱.

Chalaby J., *The Invention of Journalism*, McMillan Press, Basingstoke, 1998, ✱.

Champagne P., « La construction médiatique des malaises sociaux », *Actes de la recherche en sciences sociales*, n° 90, 1991, p. 64-75.

Champagne P., *Faire l'opinion*, Minuit, Paris, 2015, ✱.

Champagne P. et Marchetti D., « L'information médicale sous contrainte », *Actes de la recherche en sciences sociales*, n° 101-102, 1994, p. 40-62.

Chapoulie J.-M., « Sur l'analyse sociologique des groupes professionnels », *Revue française de sociologie*, 1973, p. 86-114.

Charity A., *Doing Public Journalism*, The Guilford Press, New York, 1996.

CHARON J.-M., *La Presse en France*, Seuil, Paris, 1991.

CHARON J.-M., *Cartes de presse. Enquête sur les journalistes*, Stock, Paris, 1993.

CHARON J.-M., *La Presse magazine*, La Découverte, « Repères », Paris, 1999.

CHARRON J., *La Production de l'actualité. Une analyse stratégique des relations entre la presse parlementaire et les autorités politiques au Québec*, Boréal, Montréal, 1994, ✳, ✐.

CHUPIN I., *Les Écoles de journalisme*, PUR, Rennes, 2018.

COMBY J.-B., *La Question climatique. Genèse et dépolitisation d'un problème public*, Raisons d'agir, Paris, 2015.

Communications, « Le vraisemblable », n° 11, 1968.

CONOVER T., *Immersion. A Writer's Guide to Going Deep*, University of Chicago Press, Chicago, 2016, ✍, ✳.

COOK T., *Governing with the News. The News Media as a Political Institution*, The University of Chicago Press, Chicago, 1998, ✳.

COTTLE S., *TV News, Urban Conflict and the Inner City*, Leicester University Press, Leicester, 1993, ✐.

CUSHION S., LEWIS J. et CALLAGHAN R., « Data Journalism, Impartiality and Statistical Claims », *Journalism Practice*, vol. 11 (10), 2017, p. 1198-1215.

DARNTON R., « Writing news and telling stories », *Daedalus*, vol. 104 (1), 1975, p. 175-194.

DARRAS É., « Le pouvoir "médiacratique" ? », *Politix*, n° 30, 1995, p. 183-198.

DASH L., *Rosa Lee*, Plume Books, Londres, 1997, ✍.

DAVIS A., *Promotional Cultures. The Rise and Spread of Advertising, Public Relations, Marketing and Branding*, Polity, Londres, 2013.

DELLI CARPINI M. et WILLIAMS B., *After Broadcast News. Media Regimes, Democracy and the New Information Environment*, Cambridge University Press, Cambridge, 2011, ✳.

DELPORTE C., *Les Journalistes en France. 1880-1950. Naissance et construction d'une profession*, Seuil, Paris, 1999.

DERIEUX E. et GRANCHET A., *Droit des médias*, LGDJ, Paris, 2010.

DERVILLE G., *Le Pouvoir des médias. Mythes et réalités*, PUG, Grenoble, 2013.

DOWNIE L. et SCHUDSON M., « The reconstruction of American journalism », *Columbia Journalism Review*, novembre-décembre 2009, p. 28-51, ✳.

DUVAL J., *Critique de la raison journalistique. Les transformations de la presse économique en France*, Seuil, Paris, 2004.

EIDE M., « A New Kind of Newspaper ? Understanding a Popularisation Process », *Media, Culture and Society*, vol. 19 (2), 1997, p. 173-182.

ESSER F., « Editorial Structures and Work Principles in British and German Newsrooms », *European Journal of Communication*, vol. 13 (3), 1998, p. 375-405.

ESTIENNE Y., *Le Journalisme après Internet*, L'Harmattan, Paris, 2007.

FERENCZI T., *L'Invention du journalisme en France*, Plon, Paris, 1993, ✐, ✍.

FINK K. et SCHUDSON M., « The Rise of Contextual Journalism, 1950s-2000s », *Journalism*, vol. 15 (1), 2013, p. 3-20.

FORDE E., « From Polyglotism to Branding. The Decline of Personality Journalism in the British Musical Press », *Journalism*, vol. 2 (1), 2001, p. 23-43.

FRÖHLICH R., KOCH T. et OBERMAIER M., « What's the Harm in Moonlighting ? », *Media, Culture and Society*, vol. 35 (7), 2013, p. 809-829.

FRÖHLICH R. et LAFKY S. (dir.), *Women Journalists in the Western World*, Hampton Press, Cresskill, 2008.

GALTUNG J. et RUGE M. H., « The Structure of Foreign News », *Journal of International Peace Research*, vol. 1, 1965, p. 64-90.

GAMSON W., *Talking Politics*, Cambridge University Press, Cambridge, Mass., 1992.

GAMSON W. et MODIGLIANI A., « Media Discourse and Public Opinion on Nuclear Power : a Constructionist Approach », *American Journal of Sociology*, 1989, p. 1-37.

GANS H., *Deciding What's News*, Vintage, New York, 1980, ✱, ✐.

GAXIE D., « Au-delà des apparences », *Actes de la recherche en sciences sociales*, n° 81-82, 1990, p. 97-112.

GERSTLÉ J., « L'information et la sensibilité des électeurs à la conjoncture », *Revue française de science politique*, vol. 46 (5), 1996, p. 731-752.

GITLIN T., « Media Sociology : The Dominant Paradigm », *Theory and Society*, vol. 6, 1978, p. 205-253, ✱.

GLASSER T., « The Politics of Public Journalism », *Journalism Studies*, vol. 1 (1), 2000.

GOULET V., *Médias et classes populaires. Les usages ordinaires des informations*, INA, Bry-sur-Marne, 2010.

GROSSETÊTE M., *Accidents de la route et inégalités sociales*, Éditions du Croquant, Bellecombe-en-Bauges, 2012.

GUÉRY L., *La Presse régionale et locale*, Éditions du CFPJ, Paris, 1992, ✐.

HABERMAS J., *L'Espace public*, Payot, Paris, 1976.

HALIMI S., *Les Nouveaux Chiens de garde*, Liber, Paris, 1997, ✐.

HALL S., CRITCHER C. et JEFFERSON T., *Policing the Crisis. Mugging, the State and Law and Order*, McMillan, Londres, 1978.

HALLIN D., *We Keep America On Top of The World. Television Journalism and the Public Sphere*, Routledge, Londres, 1994.

HALLIN D. et MANCINI P., *Comparing Media Systems*, Cambridge University Press, Cambridge, 2004, ✱.

HAMILTON J., *All the News That's Fit to Sell*, Princeton University Press, Princeton, 2006.

HUBÉ N., *Décrocher la Une*, PUS, Strasbourg, 2008.

IYENGAR S. et REEVES R. (dir.), *Do the Media Govern ?*, Sage, Thousand Oaks, 1997.

JONES N., *Soundbites and Spin-doctors*, Cassel, Londres, 1995, ✐, ✐.

KACIAF N., *Les Pages « politique ». Histoire du journalisme politique dans la presse française (1945-2006)*, PUR, Rennes, 2013.

KAUFMANN A., « L'affaire de la mémoire de l'eau. Pour une sociologie de la communication scientifique », *Réseaux*, n° 58, 1993, p. 67-89.

KLINENBERG E., « Information et production numérique », *Actes de la recherche en sciences sociales*, n° 134, 2000, p. 66-75, ✐.

KOVACH B. et ROSENSTIEL T., *Blur. How to Know What's True in the Age of Information Overload*, Bloomsbury, New York, 2010, ✐.

LACOUR L., *Le Bûcher des innocents*, Éditions des Arènes, Paris, 1998, ✐, ✐.

LAFARGE G. et MARCHETTI D., « L'espace social des étudiants des formations "reconnues" », *Actes de la recherche en sciences sociales*, n° 189, 2011, p. 72-99.

LA HAYE Y. DE, *Journalisme mode d'emploi*, La Pensée sauvage, Grenoble, 1978.

LAHIRE B., *L'Invention de l'« illetrisme »*, La Découverte, Paris, 1999.

LANCELIN A., *Le Monde libre*, Les liens qui libèrent, Paris, 2017, ✐, ✐.

LANGE W. DE, *A History of Japanese Journalism*, Japan Library, Londres, 1998.

LAURENS S., « Astroturfs et ONG de consommateurs téléguidées à Bruxelles », *Critique internationale*, n° 63, 2015, p. 83-99.

LeBlanc A. N., *Random Family*, Scribner, New York, 2003, ✍.

Le Bohec J., *Les Mythes professionnels des journalistes*, L'Harmattan, Paris, 2000.

Le Bohec J., *Dictionnaire du journalisme et des médias*, PUR, Rennes, 2010.

Lecheler S. et Kruikemeier S., « Re-Evaluating Journalistic Routines in a Digital Age », *New Media and Society*, vol. 18 (1), 2016, p. 156-171.

Le Floch P. et Sonnac N., *L'Économie de la presse*, La Découverte, « Repères », Paris, 1999.

Legavre J.-B., « Off the record. Mode d'emploi d'un instrument de coordination », *Politix*, n° 19, 1992, p. 135-158.

Legavre J.-B., « Des travailleurs de l'ombre », *in* Legavre J.-B. et Kaciaf N. (dir.), *Communication interne et changement*, L'Harmattan, Paris, 2011.

Le Grignou B., *Du côté du public*, Economica, Paris, 2003.

Le Masurier M., « What is Slow Journalism ? », *Journalism Practice*, vol. 9 (2), 2015, p. 128-152.

Lemieux C., *Mauvaise Presse*, Métailié, Paris, 2000, ✍.

Lemieux C. (dir.), *La Subjectivité journalistique*, Éditions de l'EHESS, Paris, 2010, ✱.

Leroux P. et Neveu E., *En immersion*, PUR, Rennes, 2017.

Leroux P. et Teillet P., « La politique de l'apolitique », *Mots*, n° 67, 2001.

Lester M., « Generating Newsworthiness : The Interpretive Construction of Public Events », *American Sociological Review*, 1980, vol. 45, p. 984-994.

Leteinturier C. et Frisque C. (dir.), *Les Espaces professionnels des journalistes*, Éditions Panthéon-Assas, Paris, 2015.

Levêque S., *Les Journalistes sociaux*, PUR, Rennes, 2000.

Londres A., *Au bagne*, UGE, Paris, 1975 (1ʳᵉ éd., 1923), ✍.

Luyendijk J., *Des hommes comme les autres : correspondants au Moyen-Orient*, Nevicata, Bruxelles, 2009, ✍.

Malet J.-B., *L'Empire de l'or rouge*, Fayard, Paris, 2018.

Manning P., « Financial Journalism, News Sources and the Banking Crisis », *Journalism*, vol. 14 (2), 2012, p. 173-189.

Marchetti D., *Contribution à une sociologie des évolutions du champ journalistique*, thèse de sociologie, EHESS, Paris, 1998, ✍, ✱.

Marchetti D., *Communication et médiatisation de l'État*, Presses universitaires de Grenoble, Saint-Martin-d'Hères, 2008.

Martin M., *Histoire et Médias*, Albin Michel, Paris, 1991.

Masclet O., *L'Invité permanent. La réception de la télévision dans les familles populaires*, Armand Colin, Paris, 2018.

McCargo D., *Politics and the Press in Thailand : Media Machinations*, Londres, Routledge, 2000.

McChesney R. et Nichols J., *The Death and Life of American Journalism. The Media Revolution that Will Begin the World Again*, Nation Books, New York, 2010.

McComb M. et Shaw D., « The Agenda-Setting Function of Mass Media », *Public Opinion Quarterly*, vol. 36, p. 176-187, 1972.

McIntyre K., « Solutions Journalism », *Journalism Practice*, 2017, https://doi.org/10.1080/17512786.2017.14 09647.

McManus J., *Market-Driven Journalism. Let the Citizen Beware ?*, Sage, Londres, 1994.

Meyer P., *Precision Journalism*, Indiana University Press, Bloomington, 1973.

Midberry J., « Only Image I Ever See », *Journalism Studies*, vol. 18 (7), 2017, p. 925-942.

Murphy P., Dunning E. et Williams J., « Soccer Crowd Disorder and the Press », *Theory, Culture and Society*, vol. 5, 1988, p. 645-673.

Neveu E., « Pages politiques », *Mots*, n° 37, 1993, p. 6-28.

Neveu E., « De quelques effets des processus de médiatisation sur les démocraties contemporaines », *Réseaux*, n° 100, 2000a, p. 107-136.

Neveu E., « Le genre du journalisme. Les ambiguïtés de la féminisation d'une profession », *Politix*, n° 2000b, p. 179-212.

Neveu E., *Une société de communication ?*, Montchrestien, Paris, 5ᵉ éd., 2011.

Neveu E., « On Not Going Too Fast with Slow Journalism », *Journalism Practice*, vol. 10 (4), 2016, p. 448-460.

Neveu E., « Revisiting the Story *vs* Information Model », *Journalism Studies*, vol. 18 (10), 2017, p. 1293-1306.

Padioleau J., « Systèmes d'interaction et rhétoriques journalistiques », *Sociologie du travail*, n° 3, 1976, p. 256-282, *.

Padioleau J., « Le journalisme à la française. Regards étrangers », *Esprit*, 2, 1983, p. 147-155.

Padioleau J., *Le Monde et le Washington Post*, PUF, Paris, 1985.

Palmer M., *Des petits journaux aux grandes agences*, Aubier, Paris, 1983.

Pedelty M., *War Stories. The Culture of Foreign Correspondents*, Routledge, Londres, 1995, *, ✐.

Philo G., *Seeing and Believing : The Influence of Television*, Routledge, Londres, 1990.

Postman Neil, *Se distraire à en mourir*, Flammarion, Paris, 1986.

Poulet B., *La Fin des journaux et l'avenir de l'information*, Gallimard, Paris, 2009, ✐.

Ranney A., *Channels of Power*, Basic Books, New York, 1983.

Rebillard F., « Du traitement de l'information à son retraitement. La publication de l'information journalistique sur Internet », *Réseaux*, n° 137, 2006, p. 29-69.

Réseaux, « Le temps de l'événement 1 et 2 », nᵒˢ 75 et 76, 1996.

Réseaux, « La presse magazine », n° 105, 2001.

Réseaux, « Les journalistes spécialisés », n° 111, 2002.

Réseaux, « Les nouvelles formes de la consécration culturelle », n° 117, 2003a.

Réseaux, « La politique saisie par le divertissement », n° 118, 2003b.

Ridet P., *Le Président et moi*, Albin Michel, Paris, 2008, ✐, ✐.

Rieffel R., *L'Élite des journalistes*, PUF, Paris, 1984.

Rieffel R., *Mythologie de la presse gratuite*, Le Cavalier Bleu, Paris, 2010.

Ringoot R. et Utard J.-M., *Les Genres journalistiques. Savoirs et savoir-faire*, L'Harmattan, Paris, 2009.

Rouge J.-P., « Le journalisme au risque de l'argent », *Esprit*, décembre 1990, p. 35-47.

Rozenblatt P., « L'urgence au quotidien », *Réseaux*, n° 69, 1995, p. 71-96.

Ruellan D., *Le Professionnalisme du flou*, Presses universitaires de Grenoble, Grenoble, 1993, *.

Ruellan D., *Les « pros » du journalisme. De l'état au statut, la construction d'un espace professionnel*, Presses universitaires de Rennes, Rennes, 1997.

Ruellan D., « Gustave Courbet, reporter », *Questions de communication*, n° 17, 2010, p. 291-312, *.

Ruellan D. et Thierry D., *Journal local et réseaux informatiques*, L'Harmattan, Paris, 1998, ✐.

Ruffin. F, *Les Petits Soldats du journalisme*, Éditions des Arènes, Paris, 2003, ✐.

Sainteny G., « Les médias français face à l'écologisme », *Réseaux*, n° 65, 1994, p. 87-105.

Saïtta E., « *Le Monde*, vingt ans après », *Réseaux*, n° 131, 2005, p. 190-226.

Salgado S. et Strömbäck J., « Interpretativ Journalism », *Journalism*, vol. 13 (2), 2011, p. 144-161.

Schlesinger P., *Putting « Reality » Together*, Methuen, Londres, 1987, ✐, ✻.

Schlesinger P., « Repenser la sociologie du journalisme. Les stratégies de la source d'information et les limites du médiacentrisme », *Réseaux*, n° 51, 1992, p. 75-99, ✻.

Schlesinger P. et Tumber H., *Reporting Crime. The Media Politics of Criminal Justice*, Clarendon Press, Oxford, 1995.

Schlosser E., *Fast Food Nation*, Houghton Mifflin, Boston, 2001, ✐.

Schudson M., *Discovering the News. A Social History of American Newspapers*, Basic Books, New York, 1978, ✻.

Schudson M., *The Power of News*, Harvard University Press, Harvard, 1995, ✻.

Schudson M., *The Rise of the Right to Know*, The Belknap Press of Harvard University Press, Cambridge, 2015.

Seaman W., « Active Audience Theory : Pointless Populism », *Media, Culture and Society*, vol. 14, 1992, p. 301-311.

Sedel J., *Les Médias et la banlieue*, Le Bord de l'eau, Latresne, 2009.

Singer J., « Who Are these Guys ? The Online Challenge to the Notion of Journalistic Professionalism », *Journalism*, vol. 4 (2), 2003, p. 139-163.

Siracusa J., *Le JT, machine à décrire*, INA-De Boeck, Bruxelles, 2001, ✐.

Smyrnaios N. et Marty E., « Profession : nettoyeurs du net », *Réseaux*, n° 205, 2017, p. 57-90.

Solomon W. et McChesney W. (dir.), *Ruthless Criticism. New Perspectives in US Communication History*, University of Minnesota Press, Minneapolis, 1993.

Soulages J.-C., *Les Mises en scène visuelles de l'information*, Nathan, Paris, 1999.

Starkman D., « The Hamster Wheel », *Columbia Journalism Review*, septembre-octobre 2010, p. 24-28.

Starkman D., *The Silent Watchdog*, Columbia University Press, New York, 2014.

Stern J., *Les Patrons de la presse nationale. Tous mauvais*, La Fabrique, Paris, 2012.

Thérenty M.-E., *La Littérature au quotidien. Poétiques journalistiques au XIXe siècle*, Seuil, Paris, 2007.

Tuchman G., « Objectivity as a Strategic Ritual. An Examination of Newsmen's Notions of Objectivity », *American Journal of Sociology*, vol. 77, 4, 1972, p. 660-678.

Tunstall J., *Journalists at Work*, Constable, Londres, 1971, ✻, ✐.

Tunstall J., *The Media are American*, Constable, Londres, 1977.

Tunstall J., *Newspaper Power*, Clarendon Press, Londres, 1996.

Underwood D., *When MBAs Rule the Newsroom*, Columbia University Press, New York, 1993.

Underwood D., *Journalism and the Novel. Truth and Fiction, 1700-1900*, Cambridge University Press, Cambridge, 2008.

Usher N., *Making News at the New York Times*, The University of Michigan Press, Ann Arbour, 2014, ✐.

Veron E., *Construire l'événement. Les médias et l'accident de Three Miles Island*, Minuit, Paris, 1981, ✻.

Van Zoonen L., « A Professional, Unreliable, Heroic Marionnette (M/F) : Structure, Agency and Subjectivity in Contemporary Journalism », *European Journal of Cultural Studies*, vol. 1 (1), 1998, p. 123-143.

Wacquant L., « Three Pernicious Premises in the Study of the American Ghetto », *International Journal of Urban and Regional Studies*, 1997, 341-355.

Waisbord S., *Reinventing Professionalism*, Polity, Londres, 2013, ✻.

Weaver D. (dir), *The Global Journalist. News People around the World*, Hampton Press, Cresskill, New Jersey, 1998.

Table des matières

Composition Facompo, Lisieux (Calvados).
Achevé d'imprimer sur les presses de
La Nouvelle Imprimerie Laballery à Clamecy (Nièvre).
Dépôt légal du 1er tirage : février 2019
N° de dossier : 901387

Imprimé en France